AF233097

SALVATIONS

Que met pardevant Vous, NOSSEIGNEURS
DES REQUESTES DU PALAIS,

MESSIRE NICOLAS-LOUIS DE BAILLEUL, Président de la Cour,
Defendeur.

CONTRE *Messire Antoine Portail, Président de la Cour ; & Dame*
Rose-Magdelaine Rose son Epouse, Demandeurs en Lettres.

A Ce qu'il plaise à la Cour, *adjuger au Défendeur ses fins & conclusions, avec*
dépens.

Monsieur & Madame Portail ont fait signifier le 10. Avril dernier, des Contredits à une production nouvelle de Monsieur de Bailleul du 3. du mesme mois ; & dans le temps de la signification des Contredits, l'on a fait aussi paroître un nouveau Memoire imprimé, qui n'a point encore esté signifié, quoiqu'il soit employé pour Salvations aux Contredits de M. de Bailleul du 22. Mars, & employé aussi pour seconds Contredits à la production nouvelle du 3. Avril.

Le Memoire commence par dire, "Que le Sieur Marquis de Vatan a fait signifier "
sous le nom de M. de Bailleul le 22. Mars dernier, des Contredits *in fol.* contenant "
69. grandes pages d'Impression ; & le 3. Avril une production nouvelle, dont le "
nombre des cottes remplit & passe toutes les lettres de l'Alphabet. Pourquoi, "
dit-on, tant écrire, lorsqu'on croit la cause de M. de Bailleul si simple & si bonne? "
L'on ajoûte, qu'il est aisé de persuader que ce penible ouvrage est une piece où "
M. de Bailleul n'a aucune part ; *qu'il n'a ni qualité, ni interest*, qui l'ayent obligé "
à faire faire *ces soixante & neuf pages d'une si haute impression ; que par consequent le* "
volume de ces immenses Contredits est absolument inutile, & ne merite ni *lecture*, ni "
réponse ; que ceux qui auront la *patience* de les parcourir, reconnoîtront mesme "
qu'on ne doit pas présumer que M. de Bailleul, sous le nom duquel l'on fait si- "
gnifier *de si excessives écritures*, ait pris la peine de les lire ; non seulement parce "
qu'on n'y trouve point un certain caractere de bienséance & de douceur, non "
seulement parce qu'on n'y reconnoît que le stile injurieux de quelques Requê- "
tes qui sont au Procès ; mais parce qu'il y a trois faits principaux si contraires "
à ce que sçait M. de Bailleul, & à la verité, qu'on ne peut douter qu'il ne les eût "
rayez. "

Ce debut n'est qu'une petite recrimination * ; & certainement l'on a bien raison de dire, qu'autant d'hommes, autant de manieres de penser. Les mesmes Contredits qui ont si fort impatienté l'Auteur du Memoire, ont esté non seulement parcourus, mais entierement lûs ; & il a paru que quelque simple & quelque bonne que soit la cause de M. de Bailleul, il n'estoit pas possible sans une extrême précision, de répondre dans 69. pages à quatre Imprimez, qui en contiennent 130. ou 140. du mesme *in folio*, & contredire en mesme temps 200. rôlles de production nouvelle. L'on a mesme jugé que ce n'estoit pas une petite affaire, que d'avoir eu à débroüiller le cahos, & écarter les voiles dans lesquels la verité se trouvoit envelopée. Et comment les hommes ne penseroient-ils pas diversement, que souvent l'on pense soi-mesme differemment d'un moment à l'autre ? L'Auteur du *Memoire* qui dit que les *Contredits* ne meritent ni *lecture*, ni *réponse*, les a lûs plus d'une fois, & y fait une Réponse qui ne laisse pas d'estre longue, quoique pour la faire paroître plus courte, l'on ait pris le parti de l'imprimer d'un caractere plus petit que celui du *premier Memoire*, des *Observations particulieres*, des *nouvelles preuves*, & de la *Table Chronologique*.

* Voyez les
Contredits de
M. de Bailleul, page
premiere.

A

C'est avec aussi peu de fondement qu'on taxe de prolixité le Procureur qui a dressé la Requeste de production nouvelle de M. de Bailleul du 3. Avril, puisqu'encore qu'elle remplisse un Alphabet entier, elle est pourtant tres-courte. Le reproche pourroit tomber plus naturellement sur celle de M. & Me Portail du 12. Décembre 1709. dans laquelle les deux tiers d'un seul Alphabet ont fourni matiere à 200. rôlles.

» Dans un *nota* qui est en marge du *Memoire*, *page premiere*, l'on se plaint » que » le Sr de Vatan, sous le nom de M. de Bailleul, ait demandé à M. Portail & au » Sr de Longchamp la representation des mesmes piéces, qui ont depuis esté pro- » duites le 3 Avril par M. de Bailleul.

C'est M. de Bailleul lui-mesme qui avoit demandé ces piéces ; & ayant appris depuis, qu'il y en avoit au Valdreüil, il a prié le Sr de Vatan de les faire venir. Jourdain Receveur de la Terre les a envoyées, & le Sr de Vatan les a remises à M. de Bailleul, qui les a produites. De si petits incidens ne meriteroient gueres d'estre relevez dans une affaire aussi importante : mais il se presente sur cela une observation qui n'est pas à negliger ; c'est qu'il paroît par les productions de M. & Me Portail, que la plûpart des titres & papiers qui concernent le Valdreüil, sont encore entre leurs mains, dont il leur est par consequent fort aisé de ne faire paroître que ce qu'ils croyent pouvoir leur estre avantageux.

Quand M. de Bailleul aura l'honneur de voir MESSIEURS, il leur dira, s'il est vrai, qu'il ne fasse que prêter son nom, & qu'il n'ait eu aucune part aux Contredits qu'il a fournis dans l'Instance le 22. Mars dernier. Il dira aussi, si ce n'est pas lui-mesme qui s'éleve encore actuellement contre l'expedient admirable du masque emprunté, sous lequel l'on affecte de le cacher, pour pouvoir ensuite,

* Page 7. du Memoire.

& après de prétenduës protestations de respect *, desavoüées par des procedez un peu plus réels, se faire un titre de son honnêteté & de sa douceur, pour l'outrager plus impunément.

M. de Châteaugontier, il est vrai, a repris l'Instance à sa majorité : mais il ne s'ensuit pas, comme on voudroit l'insinuer, que M. de Bailleul n'ait plus ni qualité, ni interest. Quand M. & Me Portail ont formé contre lui leur demande en Lettres, ils l'ont attaqué, tant en son nom à cause de son droit de viduité, qu'au nom & comme tuteur de M. de Châteaugontier son fils. Il a procedé en l'une & l'autre de ces deux qualitez ; & quoique celle de tuteur ait cessé par la reprise de M. de Châteaugontier devenu majeur, l'autre qualité demeure toûjours fondée dans le droit de viduité, qui subsiste sur le prix de la vente, comme il faisoit sur la Terre avant qu'elle eût esté venduë ; & le prétendu défaut de qualité & d'interest, qu'on oppose à M. de Bailleul, n'a pas plus de solidité, que ce qu'on dit de M. de Châteaugontier ; que son silence marque le peu d'interest qu'il prend dans l'évenement des Lettres de Récision. M. de Châteaugontier après avoir repris, a adheré aux conclusions de M. de Bailleul, & employé. M. & Me Portail depuis la reprise, ont eux-mesmes continué de faire signifier leurs Requestes, & toutes leurs écritures, à M. de Bailleul ; & en leur répondant, il auroit esté inutile de repeter pour M. de Châteaugontier, ce qui a esté dit par M. son pere.

Il y a encore une autre consideration ; c'est qu'on attaque le Contrat de vente du Valdreüil, par de prétendus faits de surprise & de lésion, qui regardent M. de Bailleul personnellement, qui l'interessent du côté mesme de l'honneur * ;

* Voyez les Contredits, derniere page.

c'est-à-dire, par l'endroit le plus sensible : & il n'y a que lui qui puisse éclaircir des faits dont M. de Châteaugontier n'a, & ne peut avoir aucune connoissance.

Pour ne rien repeter, l'on se reserve de répondre ailleurs au prétendu *stile injurieux.*

Les faits qu'on voudroit que M. de Bailleul eût rayez de ses Contredits, regardent la terre de Coye, le Testament de Me la Présidente Rose, & la communication des Titres du Valdreüil.

L'on dit sur le premier fait, » qu'il ne s'agit point de la terre de Coye ; que «
les motifs qui ont obligé à la vendre, sont écrits dans un acte d'assemblée de «
parens, que M. de Bailleul a signé ; & que ce fut feu M. de Bailleul son pere qui «
en signa le Contract, comme fondé de Procuration de Me Rose. «

Il est vrai qu'il ne s'agit point de la terre de Coye : aussi n'en a-t'on parlé
que pour faire connoistre que les prétendus moyens de lesion qu'on allegue
contre l'acquisition du Valdreüil, tirez ou des charges exagerées, ou de la
prétenduë modicité du revenu, pouvoient estre d'autant moins écoutez, que
la terre du Valdreüil tenoit lieu au feu Sr Rose, de celle de Coye qui n'estoit
pas sans Charges, & qui assurement ne rendoit pas le denier vingt. Or l'on ne
voit pas que l'induction puisse estre combattuë, ni par la signature de M. de
Bailleul, ni par celle de feu M. son pere au Contrat de vente de la terre de Coye.

Touchant le Testament de Me Rose, l'on dit, » que ce fait est aussi étran- «
ger aux Lettres de Rescision ; que M. de Bailleul lui-mesme & M. son pere «
estoient nommez Executeurs testamentaires ; qu'ils ont accepté l'execution, «
qu'ils ont signez les Avis de parens, qui ont nommé M. Portail Tuteur à l'effet «
de la substitution portée par ce Testament, &c. «

Quoiqu'il ne s'agisse point non plus dans l'Instance de la validité du testament
de Me Rose, si les faits articulez par les Srs Rose touchant l'état où elle se trouvoit après la mort de M. le President son mari sont veritables, ces faits ne sont
pas tout-à-fait étrangers ; ils établissent que les emplois de plus de 400000. liv.
en Contrats au denier 22. & au denier 24. ne sont pas son ouvrage ; & que si, comme M. & Me Portail font semblant de le craindre, le Sr Rose son petit fils eut
esté pressé par les creanciers deleguez sur le prix du Valdreüil ; il auroit pû sans
vendre ses autres biens, trouver de l'argent, en prenant des lettres contre des partages dans lesquels on ne lui a donné que des effets, au lieu de la moitié qui lui
appartenoit dans les deniers comptans.

Les mesmes faits établissent encore, qu'en cas qu'il eût esté obligé d'emprun-
ter pour achever de payer le prix du Valdreüil, & que la substitution y eût fait
obstacle, il auroit pû se pourvoir aussi contre le Testament ; & en ce cas-là, il
est bien certain que la nomination des Executeurs testamentaires, ni celle du
Tuteur, n'auroient pas rendu le Testament meilleur qu'il n'estoit ; du reste l'on
ne doit point imputer à M. de Bailleul les discours qu'on qualifie de *messeans*,
contre la memoire de Me Rose, puisqu'à cet égard il n'a rien dit de son chef,
il n'a fait qu'employer les écritures des Srs Rose, le refus de Me Portail de répondre sur faits & articles, une lettre du feu Sr Rose du Valdreüil & une lettre de M. Portail.

Quand à la communication des titres, même avant la vente, M. & Me Portail en
sont convenus eux-mêmes en plusieurs endroits de leurs écritures indiquez page
42. des *Contredits* de M. de Bailleul.

Le Memoire est divisé en cinq observations ; sçavoir. 1º. *Questions ou principes
de droit ausquels les contredits ne répondent point.* 2º. *Faits qui demeurent pour certains
aux termes des Contredits mesmes.* 3º. *Faits legerement avancez contre la verité des pieces.* 4º. *Principes de décision contestez & faciles à rétablir.* 5º. *Nouveaux faits à éclaircir.*

Il faut examiner ces cinq *observations* ; & en suivant le premier plan que M.
de Bailleul s'est fait, l'on commencera par la *quatriéme*, qui concerne les fins
de non-recevoir qu'il est des regles de discuter toûjours avant le fond.

FINS DE NON RECEVOIR.

Examen des prétendus principes de decision.

Page 2. *du Memoire*, l'on dit » qu'il semble que M. de Baileul ait affecté «

» dans ſes Contredits de ne pas entendre encore l'etat de la queſtion, & qu'on
» a évité d'y traiter les points ſeuls déciſifs.

Pour effacer ces vains reproches, il n'y a qu'à renvoyer aux Contredits meſmes, où l'on trouvera le premier point que M. & Mᵉ Portail font conſiſter dans
la queſtion de ſçavoir, ſi le feu Sʳ Roſe ſeroit bien fondé dans les lettres que
Mᵉ Portail obtient aujourd'hui: l'on trouvera cette queſtion amplement traitée dans toutes les défenſes qui concernent le fond, où en détruiſant les prétendus moyens de leſion alleguez par M. & Mᵉ Portail, l'on a établi que le
Sʳ Roſe lui-meſme, s'il vivoit, & qu'il ſe fût aviſé de prendre des lettres, n'auroit pû y réüſſir.

A l'égard du ſecond point, ou de la ſeconde queſtion qui concerne l'incapacité de Mᵉ Portail, cette queſtion eſt auſſi traitée bien expreſſément dans les
fins de non recevoir qu'on lui oppoſe, fondées ſur le défaut de qualité, & ſur
l'approbation & l'execution du Contrat.

Les réponſes de M. & Mᵉ Portail touchant le défaut de qualité, ſe redui-
» ſent en ſubſtance à dire, » qu'en matiere de droits perſonnels, l'heritier des
» propres repreſente également, ou meſme repreſente plus le mineur, qu'un ſim-
» ple heritier des acqueſts, ou qu'un Legataire univerſel; *que* l'on confond les
» biens dont chaque heritier de differente ligne peut eſtre ſaiſi, avec les obliga-
» tions perſonnelles contractées par le mineur, qui ſe répandent univerſellement
» ſur ſa ſucceſſion, & ſur ſes heritiers; *que* ſi l'on vouloit ſeparer les patrimoines
» & les qualitez, il faudroit auſſi ſeparer les actions, & ne faire payer la dette
» contractée pour acquerir un certain fond, qu'à celui-là ſeul qui recüeille le meſ-
» me fond; qu'autrement il y auroit une injuſtice ſenſible, & une inegalité ma-
» nifeſte; que Mᵉ Portail n'eſt plus également traitée, que l'heritiere du ſang &
» de la Loi, ſouffre pour enrichir l'heritier des acqueſts.

Ce qu'on dit des droits perſonnels, n'eſt qu'une évaſion & une équivoque.
Il faut diſtinguer entre l'actif & le paſſif: il eſt vrai que les *obligations per-*
ſonnelles contractées par le défunt, ſoit majeur ou mineur, ſe répandent univerſellement ſur toute la ſucceſſion; parce que tous les biens, de quelque nature qu'ils ſoient, ſont également affectez au payement des dettes; & c'eſt
en ce ſens-là qu'on peut dire *unius hominis unicum patrimonium;* mais il n'en eſt
pas de meſme des droits *actifs:* l'on ne peut pas dire que ces ſortes de droits
ſoient repandus univerſellement dans toute la ſucceſſion. C'eſt au contraire
conſtamment pour ces droits là, qu'eſt faite la regle *plura patrimonia & hæredi-*
tates ſeparatæ, regle inconteſtable avoüée & reconnuë telle par M. & Mᵉ Portail, page 46. de leur *premier* Memoire; & c'eſt en vain que pour éluder les
conſequences deciſives, que M. de Bailleul a tirées de cette regle dans ſes
» Contredits, on lui impute preſentement page 7. du *ſecond* Memoire, » qu'il vou-
» droit faire degenerer l'action perſonnelle de la reſtitution en entier, en une
» action purement réelle attachée neceſſairement à l'effet qui donne lieu à la re-
» ſtitution.

Aprés tant de plaintes réiterées de la part de M. de Bailleul, contre la liberté qu'on s'eſt ſi ſouvent donnée de le faire parler autrement qu'il ne parle. * Lui
fera-t-on toûjours dire tout le contraire de ce qu'il dit? Voici ſes propres termes page 5. de ſes Contredits, *Il s'agit de ſçavoir ſi Mᵉ Portail eſt partie capable*
d'exercer l'action qu'on lui a fait former pour la prétenduë reſtitution, contre l'acquiſition de
la terre du Valdreüil, faite par le Sʳ Roſe: & cette queſtion eſt bien aiſée à décider, il
n'y a qu'à voir ſi l'action luy appartient. Or ſoit qu'on la conſidère comme une action pure-
ment mobiliaire, ou comme meſlée de quelque choſe de réel par rapport à la terre du Val-
dreüil qu'elle concerne, elle n'appartient ni en l'une, ni en l'autre qualité, & ne peut apparte-
nir à Mᵉ Portail heritiere des propres.

Ii

Il n'eſt donc pas veritable, que M. de Bailleul ait voulu faire degenerer l'action dont il s'agit, en action *purement réelle*, puiſqu'il a dit au contraire, & en ces termes ſi formels, que ſoit qu'on la conſidere comme *purement mobiliaire*, ou comme *mixte*, elle n'appartient point, & ne peut appartenir à Me Portail heritiere des propres ; *Que ſi l'on conſidere l'action comme mobiliaire, elle appartient aux S^{rs} Roſe Legataires univerſels, à qui le défunt a tranſmis l'univerſalité de ſes droits, noms, raiſons & toutes actions reſcindantes & reſciſoires ; ou ſi relativement à la terre du Valdreüil on la regarde comme mixte, elle appartient conjointement au Sr de Vatan, proprietaire de la terre du Valdreüil pour les deux tiers, & aux S^{rs} Roſe proprietaires de l'autre tiers.*

L'*injuſtice*, l'*inegalité* manifeſte, le prétendu dommage que *ſouffriroit l'heritiere des propres, pour enrichir l'heritier des acqueſts, & un legataire univerſel*, tout cela ſe retorque invinciblement contre Me Portail. Pour rendre la choſe ſenſible, il n'y a qu'à rappeller ici ce qu'on a remarqué page 6. de la premiere Requeſte imprimée de M. de Bailleul, que *l'on conçoit aſſez l'intereſt qu'auroient M. & Me Portail, de detruire le Contrat de vente de la terre du Valdreüil : ils s'en expliquent eux-meſmes bien ouvertement dans leurs lettres, en diſant ſur la fin de l'expoſé,* " que la " *reſciſion de ce Contrat procureroit deux avantages : le premier que les crean-* " ciers du prix ceſſeroient d'eſtre creanciers de la ſucceſſion ; & le ſecond que le " Sr de Vatan ceſſeroit d'y avoir aucun intereſt ; *c'eſt-à-dire, que M. & Me Por-* " *tail, pour s'épargner la part qu'ils doivent contribuer au payement du prix de la terre du Valdreüil, voudroient par la voye indirecte de la reſciſion du Contrat, fruſtrer le Sr de Vatan leur coheritier de ſa portion hereditaire, qui conſiſte dans les deux tiers de cette Terre, & fruſtrer auſſi en meſme temps les creanciers deleguez par le Contrat ſur le prix de la vente : mais ſi cette voye eſt injuſte, ſi le motif & l'intereſt qui les fait agir n'eſt pas legitime ; il s'enſuit ſuivant un des premiers principes de l'équité naturelle, qui ne ſouffre pas que perſonne s'enrichiſſe aux dépens d'autrui, & dont nous avons une regle triviale dans la Loy* 206. ff. *de reg. jur.* jure naturæ æquum eſt neminem cum alterius detrimento, & injuriâ fieri locupletiorem : *il s'enſuit que cet intereſt illegitime ne peut ſervir de fondement à l'action qu'ils ont intentée, ni les authoriſer à demander la reſciſion du Contrat dont il s'agit.*

Pour faire ſentir toute la force de ce raiſonnement, il faut le reduire à un argument qui ne ſouffrira pas de réponſe : de deux choſes l'une, ou la Cour jugera que Me Portail ne doit pas contribuer au payement du prix de la terre du Valdreüil ; ou la Cour jugera au contraire que Me Portail y doit contribuer.

Si l'on jugeoit que Me Portail ne dût pas contribuer, elle n'auroit point d'intereſt de faire reſcinder le Contrat, puiſque le Sr de Vatan & les S^{rs} Roſe paye-roient ſeuls le prix entier, & qu'ils ſeroient tenus de l'indemniſer de tout ce qu'elle pourroit avoir payé aux creanciers du prix, auſquels tous les biens ſont également affectez.

Si au contraire l'on juge que Me Portail doit contribuer au payement du prix de la Terre du Valdreüil comme aux autres dettes de la ſucceſſion, dont ſuivant l'article 334. de la Coutume, tous les heritiers & legataires univerſels ſont tenus *pro ratione emolumenti;* ſeroit-il rien de plus injuſte, qu'elle pût par la voye indirecte de la reſciſion du Contrat, éluder cette diſpoſition de la Coutume, & pour ſe diſpenſer de contribuer, fruſtrer le Sr de Vatan de ſa portion hereditairie qui conſiſte uniquement aux deux tiers de la Terre du Valdreüil, qu'on veut faire rejetter, & qui ſe trouveroit effectivement rejettée & enlevée de la ſucceſſion, ſi les Lettres de reſciſion pouvoient réüſſir ; ce ſeroit faire fraude à la Loi par des voyes detournées, & ces ſortes de voyes ne s'autoriſent jamais en Juſtice. C'eſt veritablement en cela, que conſiſte *l'injuſtice & l'inegalité* que M. & Me Portail qualifient de *ſenſible & de manifeſte :* Si Me Portail pouvoit parvenir à faire ente-riner les Lettres, il eſt évident qu'elle s'enrichiroit injuſtement aux dépens de

B

son coheritier, *alterius detrimento & injuriâ fieret locupletior*; & d'autant plus injuſtement, que dans la conteſtation, ſur laquelle il s'agit de prononcer, Me Portail
certat de lucro captando: & le Sr de Vatan au contraire, *certat de damno vitando*, en de-
boutant Me Portail de ſes Lettres, & ſupoſé meſme qu'on la condamne à contribuer, cette condamnation ne fera que diminuer ſa portion hereditaire, elle n'en
fera qu'un peu moins riche; au contraire ſi les Lettres pouvoient réüſſir, le Sr de
Vatan perdroit tout, il feroit entierement fruſtré de toute ſa portion hereditaire,
laquelle ne conſiſte qu'aux deux tiers de la Terre du Valdreüil, qui feroit rejettée
de la ſucceſſion par l'enterinement des Lettres.

Et c'eſt en vain qu'on croit pallier cette injuſtice ſenſible & manifeſte, en
"diſant, "que Me Portail ne demande point la nullité totale du Contrat de vente
"du Valdreüil, *qu'elle* n'empêche pas que l'acquiſition ne ſubſiſte, puiſque les
"Srs Roſe & de Vatan le veulent; *qu'elle* n'a obtenu des Lettres de Reſciſion que
"relativement à elle, & par raport à ſon intereſt.

Laiſſons, ſi l'on veut à part, l'idée bizarre de ne pas demander *la nullité totale
du Contrat*, comme ſi un Contrat pouvoit n'eſtre nul qu'en partie, & eſtre en partie valable: n'eſt-ce pas tourner toûjours dans le meſme cercle vicieux, tendre
au meſme but, parvenir à ſes fins, & à des fins injuſtes par des voyes obliques?
Si Me Portail pouvoit faire declarer le Contrat de vente du Valdreüil nul à ſon
égard, & ſe faire décharger du payement du prix, ne parviendroit-elle pas par
cette voye indirecte à ſa premiere prétention, qui eſt de ne pas contribuer? Et
ne feroit-elle pas toûjours le meſme préjudice au Sr de Vatan ſon coheritier?
Car que la Terre ſoit rejettée de la ſucceſſion, ou qu'en y demeurant, Me Portail ſe fit décharger de contribuer au prix, le Sr de Vatan & les Srs Roſe ſe
trouveroient également fruſtrez, puiſqu'il ne leur reviendroit aucun avantage
de retenir une Terre dont ils payeroient ſeuls le prix entier, contre la regle & la
diſpoſition expreſſe de la coûtume, qui charge tous les heritiers du payement
des dettes, chacun pour telle part & portion qu'ils *amendent*.

Enfin, ce qui ajoûte encore un dernier degré à l'injuſtice, c'eſt que pour s'enrichir aux dépens du Sr de Vatan & des Srs Roſe, Me Portail veut ſe ſervir d'une
prétenduë exception qui ne lui appartient pas; exception, qui ſupoſé qu'elle fut
bien fondée, n'appartiendroit qu'au Sr de Vatan & aux Srs Roſe. Me Portail pour
faire du mal à ſes coheritiers, veut les obliger à lui communiquer une exception
dont elle prétend ſe ſervir contre eux-meſmes: M. Portail qui reconnoiſt que
cette communication n'eſt pas poſſible, declare que Me ſon épouſe ne demande
point que les Srs Roſe & de Vatan lui communiquent leurs exceptions; l'on prétend que ces exceptions ſont communes entr'eux; mais on ne le peut prétendre,
qu'en affectant de retomber toûjours dans la meſme confuſion. L'obligation
de payer le prix du Valdreüil eſt, à la verité, commune à Me Portail, au Sr de
Vatan, & aux Srs Roſe, parce que cette obligation eſt inherente à la qualité
d'heritiers, & à la poſſeſſion des biens; & l'action reſciſoire qu'on veut faire exercer à Me Portail par voye d'exception, ne reſide point & ne peut reſider en ſa
perſonne, puiſqu'elle n'eſt qu'heritiere des propres, & qu'encore une fois,
ſoit que l'on conſidere cette action comme purement mobiliaire, ou comme
mixte, elle n'appartient point à l'heritiere des propres; & qu'en l'une & l'autre
qualité, elle n'appartient & ne peut appartenir qu'au Sr de Vatan & aux Srs
Roſe, comme faiſant partie ou du legs univerſel, ou de la ſucceſſion des biens
de Normandie, dans laquelle ſe trouve la terre du Valdreüil.

Le Memoire revient encore à la mauvaiſe application de la regle du *quid
"utilius*; "les obſervations, *dit-on*, des Contredits ſur le paſſage de M. le Preſtre
"ne changent rien, d'abord que les moyens de reſtitution ſont les meſmes que le

mineur auroit propofez, fi la mort n'avoit pas prevenu le deffein qu'il avoit « formé de les faire valoir. »

1°. Le fait, que le Sr Rofe eût formé le deffein de faire valoir ces prétendus moyens, eft un fait jetté en l'air, detruit par toutes les preuves qu'il a données de fon vivant de l'affection qu'il avoit pour le Valdreüil, & qu'il a confervée jufqu'à la mort : c'eft l'un des faits qu'on n'avoit pas encore imaginez lors de la *premiere* édition du *premier* Memoire de M. & Me Portail, & qui a efté hazarment dans la feconde.

2°. Quand mefme le Sr Rofe eut pû fe faire reftituer, il ne s'enfuivroit pas que Me Portail pût exercer l'action refcifoire, il faudroit pour cela, que l'action lui eut efté tranfmife ; & l'on a demontré que ce n'eft point à elle, mais au Sr de Vatan & aux Srs Rofe que cette action bien ou mal fondée a efté tranfmife.

Eft ce répondre à l'Arreft du 23. Aouft 1608. rapporté par M. le Preftre, de dire, que *les obfervations & le commentaire des Contredits* ne changent rien ? il ne s'agit ni d'obfervations, ni de commentaire ; il s'agit de l'Arreft mefme que l'on n'a fait que tranfcrire en propres termes *page 6. des Contredits* ; Et appelle t'on *ne rien changer à la prétenduë jufteffe de l'application*, qu'un Arreft qui juge la queftion *in terminis*, contre la prétention de Me Portail ? Le *quid utilius* eftoit évident ; le Prince de Guemené *heritier maternel*, avoit obtenu des Lettres pour faire relever le défunt de l'acceptation pure & fimple de la fucceffion du pere, afin de pouvoir, en qualité d'heritier par benefice d'inventaire, exercer fur les biens paternels, les droits & conventions de la mere. Le Sr Aux-Epaules *heritier paternel*, foûtenoit au contraire, *qu'y ayant diftinction de patrimoines, il y avoit auffi diftinction de fucceffions, & que ce n'eftoit point à l'heritier maternel à donner la loi à la fucceffion* paternelle, mais *à lui heritier paternel à qui elle appartenoit* : l'Arreft declare *l'heritier maternel non recevable en fes Lettres*, & juge *que le défunt demeureroit heritier pur & fimple de fon pere* ? Et pouvoit-on juger plus formellement, que l'heritier maternel n'eft pas recevable à exercer une action refcifoire qui appartient à la fucceffion paternelle ? Cette action eftoit conftamment un droit perfonnel : donc la propofition contraire avancée par M. & Me Portail fe trouve difertement condamnée par l'Arreft, fçavoir » que quand il s'agit de droits per- « fonnels, l'heritier des propres, qui fuccede *eidem perfonæ*, peut faire ce que la per- « fonne mefme auroit fait, ou s'il fe trouve un concours d'heritiers, l'un d'eux « peut faire valoir la maxime du *quid utilius*. «

Cela peut eftre vray, quand il n'y a qu'un feul patrimoine, & qu'il s'agit d'heritiers d'une mefme claffe, qui ont tous la tranfmiffion des mefmes droits : *fecùs*, quand il a plufieurs patrimoines & des heritiers de differentes claffes, parce que alors il y a autant de fucceffions que de patrimoines, *plura patrimonia & hæreditates feparata* ; & il faut voir dans quelle fucceffion fe trouve l'action refcifoire qu'il s'agit d'exercer.

La prétenduë action refcifoire contre le Contrat de vente de la terre du Valdreüil, eft conftamment dans le legs univerfel, ou dans la fucceffion des biens de Normandie ; elle n'eft point dans la fucceffion des propres, & n'appartient point par confequent à Me Portail, qui n'eft heritiere que des propres. Me Portail ne reprefente point, & ne peut reprefenter le défunt Sr Rofe, pour l'exercice d'une action qu'il ne lui a point tranfmife. L'on en eftoit tellement convaincu, dans le temps mefme de l'impreffion du premier Memoire de M. & M Portail, que pour appuyer la prétention que le Sr Rofe ait tranfmis *l'univerfalité* de fes droits à Me Portail, & qu'elle puiffe le reprefenter pour l'exercice de la *totalité* de fes actions, & de fes droits ; l'on a pris le parti, en citant Me Auzanet, de mettre dans le paffage ce qui n'y eft point, & précifément le contraire. Voici les propres termes du premier Memoire, page 47. » L'heritier des propres de cette portion privilegiée

» du veritable patrimoine du mineur, le represente *tout entier* ; parce que, dit Au-
» zanet, Liv. 2. des Arrests, Chap. 99. en se servant d'une comparaison fort sim-
» ple, *chaque succession qui se partage entre des heritiers de differente nature de biens, est un*
» *miroir qui se brise, mais dont chaque partie represente la totalité du sujet qu'elle regarde.* Cette
prétenduë *totalité* est de la pure invention du Memoire. L'on a déja transcrit mot
à mot, page 11. des Contredits de M. de Bailleul, les propres termes d'Auzanet,
& il ne sera pas inutile de les rappeller encore ici une seconde fois ; c'est au Chap.
98. & non pas 99. On compare, dit-il, *une succession à un miroir, lequel estant entier, re-*
presente la personne entiere ; & estant divisé en plusieurs parties, chaque partie represente
les sujets qui lui sont proposez. Le défunt n'est donc pas representé tout entier par
chaque heritier, mais en partie seulement ; & en faisant à l'espece l'application de
ce que dit Auzanet, l'on a observé dans les Contredits ; que s'il faut regarder la
part de Me Portail dans la succession du Sr Rose, comme une partie du miroir
brisé ; les *sujets proposez*, les objets mis devant cette partie du miroir *pour les repre-*
senter, ce sont les seuls propres, & rien davantage ; Me Portail ne succede qu'aux
propres. C'est à quoi l'on n'a rien eu à repliquer dans le second Memoire employé
pour Salvations : & en verité, bien loin de rendre meilleure la cause qu'on soû-
tient, n'est-ce point en desesperer, & l'abandonner ouvertement, que d'estre réduit à alterer jusqu'aux passages des Livres qui sont entre les mains, & sous les
yeux de tout le monde ?

L'on n'a pû répondre non plus, ni à la maxime, que *minor non restituitur tanquam*
minor, sed tanquam læsus, ni à la distinction que font les Docteurs sur la question de
sçavoir, quelles actions le mineur transmet, ou ne transmet pas à ses heritiers. Ils
distinguent à l'égard de l'action rescisoire entre le benefice de restitution qui s'accorde, *respectu solius personæ*, & le mesme benefice qui s'accorde, à cause de la lésion qui a passé de la personne du défunt en celle de l'heritier : *Ex ipsius minoris*
persona restitutionem petit hæres, quando non respectu solius personæ hoc beneficium datur ;
sed propter damnum & læsionem quæ in hæreditate manet, & à minore in hæredem trans-
funduntur. D'où l'on a conclu, pag. 9. & 10. des *Contredits*, que Me Portail, pour
pouvoir estre restituée du chef du Sr Rose son frere, & comme le representant,
il faudroit qu'elle le representât comme lesé ; & c'est ce qui n'est pas possible, puisqu'elle ne souffre, & ne peut jamais souffrir aucun préjudice de la lésion qu'on
suppose dans le Contrat d'acquisition ; puisque cette lésion réelle ou imaginaire,
n'a point passé de la personne de l'acquereur en celle de Me Portail ; puisque le
dommage, la lésion, vraye ou fausse, n'est que dans la succession où se trouve la
terre du Valdreüil ; qu'elle n'a esté transmise qu'au Sr de Vatan, & aux Srs Rose ;
qu'elle n'est point dans la succession des propres, & n'a point esté par consequent,
ni pû estre transmise à Me Portail heritiere des propres seulement.

» Oüy ; mais, *dit le Memoire*, tout cela ne tend qu'à prouver que Me Portail ne
» peut point directement attaquer le Contrat d'acquisition du Valdreüil, mais
» simplement par la voye de l'exception.

C'est-à-dire, qu'on est enfin obligé de convenir que Me Portail n'est pas partie capable d'attaquer le Contrat ; & ce n'est plus qu'une vaine défaite de prétendre qu'elle puisse, par voye d'exception, ce qu'elle ne peut directement : c'est
toûjours la mesme subtilité du premier Memoire. *Comment*, a-t-on dit, *pouvoir*
raisonnablement séparer l'exception de la demande ? L'on a dû voir la Réponse à la page 9.
des Contredits. Et pour démêler en un mot l'équivoque sur cette indivisibilité
prétenduë, il n'y a qu'à distinguer les exceptions pures & simples, d'avec celles
qui dépendent d'une action avec laquelle elles sont nécessairement liées. Or non
seulement l'exception qu'on fait proposer par Me Portail dépend nécessairement
d'une action qui ne lui appartient point, cette prétenduë exception n'est mesme
autre chose que l'action rescisoire qu'elle veut exercer : & n'est-ce pas une veritable

table illusion, de prétendre qu'elle puisse opposer, comme une exception, l'action mesme qu'elle se reconnoît incapable d'exercer?

Touchant la seconde fin de non recevoir, fondée sur l'execution & l'approbation du Contrat, le *Memoire* dit simplement, „ Que Me Portail estoit mineure " lors de l'ouverture de la succession ; *que* c'est pendant sa minorité, qu'ont esté " passez les prétendus Actes approbatifs ; & *qu'on* n'a point trouvé la distinction " faite par les Contredits écrite dans les Loix, & leurs Interpretes. "

Me Portail estoit majeure, lors des Actes approbatifs dont il s'agit ; c'est une Requeste du 19. Avril 1707. un Acte du 30. du mesme mois, un Exploit de saisie du 12. May, une autre Requeste du 26. une troisiéme Requeste du 21. Juin, une quatriéme Requeste du 6. Juillet, & une Sentence du 22. mesme année 1707.

Le fait de la majorité de Me Portail n'avoit point esté contesté jusqu'à present, & si l'on persistoit dans la nouvelle dénegation, il seroit bien aisé de le justifier.

La distinction entre l'execution par le mineur lui-mesme devenu majeur, de ce qu'il a commencé en minorité, & la mesme execution par le majeur heritier du mineur, est marquée dans la Glose mesme, dont on a rapporté les termes sur le §. *Scio* de la Loy seconde au Digeste *de Minoribus*, cité par M. & Me Portail ; & le Paragraphe est précisément dans le cas du mineur devenu majeur. Ainsi il n'y a qu'à employer sur cela ce qu'on a dit, page 12. des *Contredits*, où l'on a aussi remarqué, que les Docteurs mesmes citez par M. & Me Portail, parlent tous dans le cas du § *Scio*, c'est-à-dire, du mineur devenu majeur ; & qu'il n'y en a aucun qui ait étendu au majeur heritier du mineur la décision du Paragraphe.

Après cela, Me Portail, qui a approuvé & executé le Contrat ; à qui l'action rescisoire, bien ou mal fondée, n'a pas esté transmise ; qui ne represente point, & ne peut representer le défunt, pour l'exercice d'une action dans laquelle il faudroit qu'elle le representât, comme lesé ; ce qui n'est pas possible, puisqu'elle ne souffre, & ne peut jamais souffrir aucun préjudice des prétendus moyens de lésions alleguez contre l'acquisition qu'elle veut détruire : comment après tout cela peut-on se flatter, de réüssir pour Me Portail dans une action, que le défunt lui-mesme auroit intentée inutilement ? Parce qu'outre qu'il n'auroit eu au fond (comme on l'a établi) aucuns moyens de restitution, la cause du vendeur mineur, comme lui, auroit esté d'ailleurs infiniment plus favorable que la sienne, par deux raisons.

La premiere, qu'en fait de vente, & en general, *potior est causa venditoris.* C'est pour cela que la lésion d'outre moitié de juste prix, qui est un moyen de rescision pour le vendeur, ne peut estre alleguée par l'acquereur. Pourquoi ? c'est qu'on achete toûjours volontairement, dans la vûë d'augmenter sa fortune, & de s'enrichir : au contraire, l'on ne vend presque jamais que par necessité, & pour quelque necessité pressante, suivant l'expression de la Loy 16. *de præd. decur. sin. dec. non alien.* au Code : *Si quis decurionum, vel rustica, vel urbana prædia venditor necessitate coactus addicit, interpellet judicem competentem, omnesque causas sigillatim quibus strangulatur, exponat.*

La seconde raison est, que *par in parem non habet privilegium* : maxime qui a partagé les Jurisconsultes, sur la question de sçavoir si un mineur est restituable contre un autre mineur. Les uns tiennent absolument pour la negative ; les autres estiment, que le prêteur doit entrer en connoissance de cause : *Item quæritur si minor adversus minorem restitui desiderat, an sit audiendus : & Pomponius simpliciter scribit non restituendum. Puto tamen inspiciendum à prætore quis captus sit. L. Verum,* §. 6. ff. *de Minoribus.*

Appliquons ces principes à nôtre espece. Si le Sr Rose vivoit, & qu'on lui eût inspiré de prendre des Lettres contre le Contrat de vente de la terre du Valdreüil qu'il avoit acquise de M. de Châteaugontier mineur, & mesme moins

C

âgé que lui, la seule minorité respective auroit dû, au sentiment du Jurisconsulte Pomponius, empêcher la rescision du Contrat : ou si en s'attachant à l'opinion contraire, l'on estoit entré en connoissance de cause, d'un côté la qualité de vendeur en la personne de M. de Châteaugontier, l'auroit d'abord rendu beaucoup plus favorable que le Sr Rose acquereur ; & d'autre part, l'on n'eût mesme trouvé aucune lésion, aucun moyen legitime de restitution pour l'acquereur. Au contraire, l'on n'auroit pû prononcer la rescision, sans faire un préjudice considerable à M. de Châteaugontier, qui a esté obligé de vendre par les motifs exprimez dans les avis de parens ; motifs de la derniere importance, puisqu'il s'agissoit de le mettre en estat *de recevoir en sa personne la continuation des graces, dont il a plû au Roy de combler le S^r son pere, & ses ayeuls, en conservant dans leur famille, par des survivances réiterées, la Charge de Président à Mortier, dont le Sr de Bailleul pere est à present revestu.* Ce sont les propres termes de l'avis des parens, rapportez plus au long, page 20. des Contredits.

C'est-à-dire, qu'il faut aussi employer pour M. de Châteaugontier, ce qu'on a déja observé cy-dessus, page 6. pour le Sr de Vatan fils ; sçavoir, que, *certat de damno vitando* ; au lieu que Me Portail, *certat de lucro captando.* Qu'on présuppose donc, si l'on veut encore une fois, qu'il fût question du Sr Rose lui-mesme vivant, & qu'il se fût avisé de prendre des Lettres, l'on seroit dans la circonstance d'un mineur qui demanderoit à être restitué contre un autre mineur, qui est le cas de la Loy *Verum*, §. 6. qu'on vient de citer, & dont le Sommaire, qui est de Barthole, porte : *Si sint duo privilegiati pari privilegio, præfertur ille qui certat de damno vitando : sed si uterque certat de hoc, est potior causa rei.* De sorte que dans le concours mesme du privilege de la minorité, égal en la personne de M. de Châteaugontier, & celle du Sr Rose, M. de Châteaugontier auroit esté doublement preferable, & par sa qualité de vendeur, & par celle de défendeur. Et quelle difference entre Me Portail, & le feu Sr Rose ! Qu'on fasse mesme abstraction pour un moment de son incapacité, & des autres fins de non recevoir qu'on lui oppose : dans quelles circonstances se trouve-t-on ? Dans un cas, où le concours du privilege personnel cesse absolument ; & tout le reste qui militeroit mesme contre le Sr Rose, subsiste & milite par consequent dans toute son étenduë, & sans comparaison avec beaucoup plus de force, & d'énergie, contre Me Portail ; sçavoir, la qualité de vendeur, la qualité de défendeur, & la qualité d'un défendeur *qui certat de damno vitando,* contre une demanderesse *quæ certat de lucro captando.*

Or si dans toutes les questions de restitution pour les mineurs, il faut, aux termes de l'Edit du Préteur, se déterminer suivant les differentes circonstances, *Quod cum minore quàm vigintiquinque annis natu gestum esse dicetur, uti quæque res erit, animadvertam,* L. 1. §. 1. ff. *de Minoribus.* Si les Loix ne proposent pas d'autres regles sur cette matiere, que celles de l'équité, & de la bonne foy, *Non semper autem ea quæ à minoribus geruntur, rescindenda sunt : sed ad bonum & æquum redigenda sunt,* L. 24. §. 1. *eod.* Si tout est remis à l'arbitrage, & à la prudence du Juge, *Totum enim hoc pendet ex Prætoris cognitione,* §. 5. dict. L. 24. Et si enfin la minorité ne suffit jamais, sans une surprise, & une fraude évidente, *Nisi manifesta circumscriptio sit,* dict. §. 1. sans une lésion effective, & un préjudice réellement souffert par le mineur, *Sciendum est enim non passim minoribus subveniri, sed causâ cognitâ si capti esse proponantur,* L. 11. §. 3. *eod.* & la Glose, *Opportet ergo quod probet se læsum* ; d'où l'on a fait la regle, *Non ut minor, sed ut læsus.* Cela présupposé, & si après avoir establi que Me Portail n'est pas Partie capable d'attaquer le Contract dont il s'agit ; qu'elle y est mesme non recevable ; & qu'au fond, elle n'a aucun moyen de restitution ; s'il pouvoit encore rester quelque sorte de doute en cette affaire, qui obligeât d'avoir recours aux considerations particulieres de la qualité de vendeur en la personne de M. de Châteaugontier, de sa minorité, de celle du

Sr de Vatan fils, de leur qualité de défendeurs, du préjudice & du dommage qu'ils veulent éviter, opposé au profit & au gain que veut faire Me Portail : cet amas de circonstances, qui concourent, qui militent ici toutes ensemble pour ces deux défendeurs, principaux Interessez, & Parties principales ; cette foule de circonstances réünies, n'acheveroit-elle pas, dans le doute mesme, & pourroit-elle manquer d'entraîner tous les suffrages en leur faveur ?

DEFENSES AU FOND.

Examen des Questions, ou prétendus Principes de droit, ausquels le Memoire suppose qu'on n'a pas répondu.

Ces prétendus Principes sont ici multipliez jusqu'au nombre de dix ; & quoi qu'on ait suffisamment répondu à ceux qui pouvoient meriter réponse, & observé que les autres ne décidoient rien, & n'avoient aucune application à l'espece dont il s'agit, on ne laissera pas de les parcourir succinctement une seconde fois, pour faire cesser la vaine allegation de l'impossibilité d'y répondre.

1°. En répondant à ce qui a esté avancé dans l'Avertissement de M. & Me Portail, *que la maniere dont se donnent les Avis de parens, est un abus qu'il seroit à souhaiter qu'on réformast :* l'on a dit page 7. de la seconde Requeste de M. de Bailleul, *que le public ne se laissera pas aisement persuader, que M. Portail protecteur-né des mineurs, dans la place d'Avocat General qu'il remplissoit si dignement, ait souffert cet abus dans sa propre famille ; & qu'il n'ait fait aucun usage de ses lumieres, pour empêcher qu'on ne surprit & qu'on ne trompast M. son beaufrere ;* page 41. des Contredits, *qu'il est impossible d'empêcher la raison de se soulever d'elle-mesme contre une partie, contre un Magistrat qui allegue sa propre inapplication & sa negligence, dans un Avis à la teste duquel on le voit comme le parent plus proche & le plus éclairé ;* page 16. *Pourquoi taxer les parens ? Pourquoi se taxer soi-mesme sans raison d'imprudence & de mauvaise administration ? Pourquoi s'accuser d'avoir exposé les biens du mineur, &c. M. Portail & les autres parens ont prevû fort judicieusement &c.* & page 58. *l'on s'attend bien ici à la réponse si souvent rebatuë dans les écritures de M. & Me Portail, que les Avis de parens ne sont que des abus, que de pures ceremonies à quoi il ne faut avoir aucun égard ; mais quand ces Avis sont omologuez en Justice, quand une acquisition s'est faite* autore prætore, *du consentement de toute la famille convoquée pour cet effet, & assemblée en la maniere ordinaire ; sur tout quand on voit à la teste de cette famille, un Magistrat tres-éclairé & dont les intentions ne peuvent estre suspectes ; certainement un Avis de cette qualité est d'un tres-grand poids, &c.*

Oüi, mais, *dit-on,* l'Avis de parens n'empêche pas la restitution du mineur lesé, & c'est le seul cas où la restitution est necessaire.

Et que suit-il de là ? Que doit-on induire de la necessité qui oblige le mineur mesme à prouver qu'il est lesé ? Il s'ensuit, que cette necessité est à plus forte raison bien plus indispensable, & d'une obligation plus rigoureuse dans la personne du majeur, qui prétend se faire restituer du chef du mineur ; & dans l'espece, l'on a fait voir que non seulement la prétenduë lesion est imaginaire, mais que Me Portail n'est pas mesme partie capable, ni recevable à attaquer le Contrat de vente du Valdreüil.

2° M. de Bailleul employe derechef ce qu'il a dit page 14. de ses Contredits, sur *l'inutilité de la question* generale traitée par M. & Me Portail, touchant la signature de ceux qui ne signent point comme parties contractantes, mais simplement comme témoins, ou comme parens, soit dans un Contrat de mariage, ou dans un Avis de parens.

3° Page 11. de la seconde Requeste de M. de Bailleul, en répondant à ce que M. & Me Portail ont dit dans leur Avertissement, „qu'il y a quelques heritages dependans du Valdreüil qui ont esté acquis de l'Hostel-Dieu de Paris, „

» que c'est une Terre sujette à des taxes du 8. & du 6ᵉ. denier, & qu'on a déja eu
» pour cela un Procés contre M. de Bailleul : il a esté observé que *c'est une affaire*
terminée par Arrest du Grand Conseil du 12. Octobre 1705. & que suivant l'article premier
de la Declaration du 22. Juillet 1701. au moyen du payement de la Taxe de 4546. livres,
les proprietaires ont esté maintenus & confirmez dans la proprieté incommutable. Le feu Sʳ
Rose a esté remboursé de cette somme de 4546. livres par M. de Bailleul, le Memoire en convient, & que l'Arrest a esté rendu du consentement de M. de
Bailleul : c'est donc plûtost une Transaction qu'un Jugement, car *etiam in judi-*
cio contrahimus ; ainsi ce qu'on dit des prétendus motifs de l'Arrest, implique con-
tradiction avec la reconnoissance que c'est un Arrest consenti ; & indepen-
damment mesme des autres fins de non recevoir qu'on oppose à Mᵉ Portail
ce seroit une erreur de prétendre qu'elle pût se faire un moyen de restitution
d'une chose terminée & assoupie avec le Sʳ Rose lui-mesme de son vivant, &
une prétention d'autant plus insoûtenable que la prétenduë reticence affectée,
est mesme une allegation contraire à la verité ; puisque du propre aveu de M.
& Mᵉ Portail, dans plusieurs endroits de leurs écritures rappellez *page 42. des*
Contredits de M. de Bailleul, les titres avoient esté communiquez, long-temps
avant la vente à Mᵉ Pillon preposé par M. Portail, & le Sʳ Rose pour les examiner.

4°. Avant que de retoucher les réponses de M. de Bailleul aux vaines objec-
tions concernant l'échange de 1573. l'on est obligé, à cause des repetitions du *Me-*
moire, de réïterer les protestations faites dans les Contredits page 30. *qu'on n'en-*
tend reconnoistre en aucune maniere le caractere qui manque à M. Portail, & dont il sem-
ble qu'il veuille se revestir, comme s'il s'agissoit de reünir le Valdreüil au Domaine, &
qu'il fut partie capable d'agir pour cette réünion.

» L'on dit page 3. du *Memoire*, » que ce n'est point là ce qu'entreprend M. Por-
» tail ; qu'il ne voit qu'avec trop de douleur combien cette entreprise sera facile,
» mais qu'il soutient seulement, que les vices de l'échange, &c.

L'on ne sçait si le *Memoire* sera avoüé sur cette grande douleur : quoyqu'il en
soit, à quoy bon se tant affliger, & si gratuitement ? L'on a déja dit *pag. 39. des con-*
tredits, que M. & Mᵉ Portail s'inquiétent vainement sur un avenir qui ne les regarde point, puisque le prétendu défaut de seureté dans l'acquisition du Valdreüil, dont ils font semblant de s'allarmer, n'interesse que les Sʳˢ de Vatan & les
Sʳˢ Rose, qui sont tres-tranquilles, nonobstant les grands efforts de M. Portail
contre l'échange de 1573. efforts vains à la verité, & tres-contraires à la tendresse
des sentimens qu'on lui attribuë, mais fort inutiles, & qui seront toûjours tres-im-
puissans.

Le *Memoire* confond avec peu de sincerité les échanges avec de simples enga-
gemens, ce qui est fort different ; & les réponses de M. de Bailleul tant sur cette
difference, que sur la prétenduë dissimulation & le défaut de connoissance de la
qualité de la terre sont précises, pag. 39. 40. 41. 42. & 43. des *Contredits*.

5°. Deux Observations sur l'Edit du mois d'Avril 1667. cité pag. 23. du *premier*
Memoire de M. & Mᵉ Portail ; la premiere, que l'Edit ne s'explique point par les
termes de *répresentation réelle* qu'on employe dans le *second Memoire* : l'Edit porte
simplement, *seront tenus de rapporter les Procez verbaux d'évaluation* ; ce qui ne peut
s'entendre à la lettre dans les cas où il paroist qu'en effet il y a eu des évaluations,
que les Proprietaires & les Possesseurs sont dans la bonne foy, & que ce seroit les
réduire à l'impossible, que de leur imposer la necessité d'une prétenduë répresentation réelle depuis 137. ans.

La seconde observation est, que si en general toutes les Loix n'ont d'effet que
pour le temps à venir, & que l'Edit de 1667. pût estre entendu avec toute la du-
reté du sens qu'on veut y donner, ce seroit une loy de la derniere rigueur, à
laquelle

laquelle par conſequent, & à plus forte raiſon, l'on ne pourroit à cauſe de cette extrême rigueur, donner aucun effet retroactif, & bien moins encore la faire remonter juſqu'à une échange de 1573. & obliger les Seigneurs du Valdreüil à rendre compte de ce qui s'eſt paſſé depuis près d'un ſiécle & demi.

Dans le fait, c'eſt fermer volontairement les yeux à la lumiere, que de vou-loir mettre en doûte des évaluations prouvées inconteſtablement : 1°. Par le Con-trat meſme, qui fait mention de premieres évaluations faites avant l'échange : 2°. Par l'Arreſt d'enregiſtrement au Parlement, qui juſtifie qu'il y a encore eu de ſecondes évaluations faites depuis l'échange, pour parvenir à l'enregiſtre-ment ; qui énonce l'Arreſt préparatoire par lequel, *la Cour auroit ordonné, avant proceder à la verification des Lettres Patentes & dudit Contrat, qu'il ſeroit informé d'office à la requeſte du Procureur General, ſur la commodité ou incommodité, profit & perte, qu'il pourroit y avoir faiſant ledit échange ; & dans lequel ſont auſſi viſez & énoncez les Procés verbaux & enqueſtes faites ſur la valeur deſdites Terres échangées, ſuivant ledit Arreſt.* 3°. Par l'Acte de reception des enqueſtes. 4°. Par l'Arreſt du Conſeil du 16. Septembre 1583. rendu ſur les remontrances reſpectives *des Avocats & Procureurs Generaux du Parlement de Paris, & du Parlement de Roüen,* qui porte, que Philippe de Boulainvilliers ſera mis & inſtallé *en pleine poſſeſſion & joüiſſance deſdites Terres & Seigneuries du Valdreüil & Lery, ſuivant ledit Contrat d'échange, ſans qu'il ſoit beſoin d'avoir d'autre verification dudit Contrat au Parlement de Roüen, ni faire autre éva-luation deſdites Terres échangées,* que celles ja faites ; & enfin par les Arreſts meſmes du Parlement de Roüen, portant qu'il ſeroit procedé à de *nouvelles évaluations* de ſon autorité ; car qui dit, *nouvelles évaluations,* préſuppoſe & reconnoît qu'il y en a déja eu de premieres.

L'on eſt donc dans le cas de la maxime, *in antiquis enuntiativa probant ;* & quand l'ancienneté paſſe cent ans, *hoc caſu,* dit du Moulin Conſ. 42. *Verba enuntiativa fidem plenam, & probationem abſolutam faciunt.*

6°. La réponſe eſt à la page 62. des *Contredits,* qu'il ſuffit d'employer pour évi-ter repetition.

7°. Les Arreſts, *dit-on,* ſont inutiles ſans Lettres Patentes, & ſans enregiſtre-ment : mais il y a ici des Lettres Patentes, & un enregiſtrement ; & l'on a ob-ſervé, page 34. des *Contredits,* que la validité de l'échange ſe trouve jugée par pluſieurs Arreſts, & ſur les concluſions de Mrs les Procureurs Generaux, puiſ-que ces Arreſts ont infirmé la Sentence des Juges du Pont-de-l'Arche, renduë du propre aveu de M. & Me Portail *ſur le merite meſme du fond.*

8°. L'on a répondu en vingt endroits des *Contredits* aux prétenduës reclama-tions, & aux troubles du Parlement & de la Chambre des Comptes de Nor-mandie, qu'on a fait voir n'eſtre que d'inſignes vexations, dont les Seigneurs du Valdreüil ont eſté mis à couvert dans tous les temps, par tous les Arreſts, tant du Conſeil, que du Parlement, produits dans l'Inſtance ; & l'on a obſervé, page 36. que l'enregiſtrement au Parlement de Paris ſuffit, ſur tout dans un cas où les contradictions des Officiers paſſionnez de Normandie, ne peuvent eſtre re-gardées, que comme une oppoſition opiniâtre aux volontez du Roy, fondée ſur des motifs ſecrets & tres-injuſtes.

9°. L'on employe derechef les réponſes des *Contredits,* pag. 36. 39. 40. 41. 42. & 43. contre la mauvaiſe application des maximes concernant l'impreſcriptibi-lité, & l'inalienabilité du Domaine, & le prétendu défaut de connoiſſance de la qualité de la Terre.

A l'égard de la judicieuſe interpellation, *de déclarer ſi quelque homme ſage, &c.* la réponſe eſt bien aiſée ; il n'y a qu'à lire l'avis de parens. L'acquiſition du Val-dreüil a eſté conſeillée au Sr Roſe par autant d'hommes ſages, qu'il y a de parens qui ont ſigné l'avis ; & à la tête de ces hommes ſages eſt M. Portail lui-meſme.

10°. L'on foûtient, que l'application de la maxime, *Antequam res evincatur de evictione non agitur*, eſt tres-juſte ; c'eſt la diſtinction du *Memoire*, qui ne reçoit point d'application à l'eſpece, non plus que l'exemple de la ſubſtitution non declarée. L'on a répondu à la crainte des prétendus dangers, des troubles, des procès, pag. 39. 40. 60. 61. & 62. des *Contredits* ; & l'on employe pour la troiſiéme fois, contre la prétenduë diſſimulation & le défaut de connoiſſance, la meſme page 40. la 41. la 42. & la 43e.

11°. L'on employe auſſi derechef contre la vaine crainte des procès, & les prétendus riſques & perils, les réponſes des *Contredits*, pag. 39. 40. 60. 61. & 62.

Le *Memoire*, après avoir dit, qu'on n'a répondu à rien dans les Contredits, va dire dans le Chapitre ſuivant qu'on a tout avoüé. C'eſt une methode abregée, & tres-commode, une nouvelle maniere de ſe tirer d'affaire, quand on ſe ſent preſſé, & qu'on n'a rien de bon à repliquer.

Examen des prétendus faits, qui demeurent, dit-on, certains, aux termes des Contredits meſmes.

1°. Contre le défaut de repreſentation réelle des procès verbaux d'évaluation, il n'y a qu'à employer ce qu'on a dit ſur le cinquiéme Article du Chapitre précedent.

2°. Tant s'en faut qu'on ſoit convenu, que du moins par rapport à la terre de Lery, il n'y a point eu d'évaluation. L'on a dit préciſément le contraire, page 36. des Contredits ; ſçavoir, *Qu'il y a eu de premieres évaluations mentionnées dans le Contrat d'échange, & de ſecondes, tant pour le Valdréüil que pour Lery, viſées dans l'Arreſt d'enregiſtrement au Parlement de Paris.* L'Arreſt porte : *Veu par nôtredite Cour le Contrat d'échange fait & paſſé le 11. Avril 1573. pour raiſon des terres du Valdréüil, & de Lery, &c. les Procès verbaux & enqueſtes faites ſur la valeur deſdites Terres, & l'Acte de reception de ladite enqueſte.* L'Arreſt du 16. Septembre 1583. fait auſſi mention expreſſe de la terre de *Lery*.

3°. L'on employe contre le prétendu défaut d'enregiſtrement au Parlement, & en la Chambre des Comptes de Roüen, les obſervations faites ſur l'Article 8. du Chapitre précedent.

4°. Bien loin qu'on ait avoüé que les nouvelles évaluations ſoient jugées neceſſaires, l'on a rapporté au contraire, page 26. des Contredits, le diſpoſitif de l'Arreſt du 16. Septembre 1583. qui a jugé, *que les nouvelles évaluations n'eſtoient pas neceſſaires ; & cela ſur l'avis des Avocats & Procureurs Generaux du Parlement de Paris, & du Parlement de Roüen.* L'on a remarqué, que *l'Arreſt a eſté rendu en tres-grande connoiſſance de cauſe, ſur les remontrances reſpectives des veritables Contradicteurs, & des ſeuls Contradicteurs legitimes ; puiſque s'agiſſant des droits du Roy, M. le Procureur General du Parlement de Paris, où le Contrat a eſté enregiſtré, eſtoit ſeul Partie capable de conteſter l'échange, ou d'en conſentir l'execution ; & que M. le Procureur General de Roüen avoit meſme auſſi eſté oüy dans ſes remontrances & ſes contredits.*

L'on employe touchant l'Arreſt du 17. Octobre 1584. les réponſes des *Contredits*, pag. 24. & 25. L'on examinera en ſon lieu les repliques du *Memoire*, & l'Arreſt de 1602.

5°. Il ne paroit point qu'on ait refuſé de tranſcrire ſur les Regiſtres de la Chambre des Comptes de Roüen, l'apoſtille ordonnée y eſtre miſe par l'Arreſt du 30. Juillet 1636. mais ſuppoſons, ſi l'on veut, qu'on l'ait en effet refuſé, ce prétendu refus ne ſeroit regardé, que comme une ſuite des vexations & des contradictions des Officiers de Normandie, dont par conſequent & par les raiſons obſervées en tant d'endroits des *contredits*, on ne pourroit tirer aucun avantage, non plus que du prétendu défaut de ſignification. Il ne s'agit pas d'un Arreſt rendu de particulier à particulier, & d'une execution qui ait dû estre precedée de signification : c'est un Arrest qu'il s'agissoit simplement de presenter ; & s'il n'avoit pas plû aux Officiers de la Chambre des Comptes de Rouen de faire ce qu'ordonnoit l'Arrest , auroit-il esté au pouvoir de la Partie de les y contraindre ? l'Arrest n'en subsisteroit pas moins en faveur des Seigneurs du Valdreüil.

6°. 7°. 8°. Employ des contredits page 34. & 35.

9°. Comment seroit-on convenu que Charleval pris en contreschange du Valdreüil ait fait autrefois partie du domaine ? C'est un fait tout nouveau jetté au hasard dans le dernier Memoire seulement, & sans aucune preuve ; fait d'ailleurs tres-indifferent, quand mesme il seroit veritable, & qui ne rendroit pas les Lettres de rescision meilleures.

10°. Employ des contredits pag. 40. 41. & 42.

11°. Employ des contredits pag. 16. 17. 18, 19. 65. 66. & 67.

12°. Employ des contredits pag. 56. 57. & 58.

Examen des prétendus faits peu corrects & avancez , dit-on, *contre la verité des pieces.*

Premier fait. Il s'agit de sçavoir , si l'Arrest du Conseil du 17. Octobre 1584. est un Arrest *Contradictoire* , ou un Arrest sur *simple Requeste* , & un Arrest donné sur la propre Requeste de Philippes de Boulainvilliers Comte de Fouquembergue ; c'est la 11e. piece de la production de M. & Me Portail du 23. Avril 1709. & pour voir si c'est un Arrest Contradictoire ou sur Requeste, il n'y a qu'à lire , il commence ainsi : *Vû par le Roy en son Conseil, la Requeste presentée à Sa Majesté par Mre Philippes de Boulainvilliers Chevalier de l'Ordre du Roy, Comte de Fouquembergue & de Courtenay, Sr des Terres & Seigneuries du Valdreüil & Lery, le 17. Octobre 1584. tendante, afin pour les causes y contenuës, qu'il plût à Sa Majesté, &c.* Personne n'ignore que les Arrests *sur Requeste* commencent tous ainsi, & que les Arrests *Contradictoires* commencent au contraire de cette maniere : *entre* . . . . . *Demandeur, &* . . . . . *Défendeur.* L'on a reconnu page 7. v°. de la Requeste de M. & Me Portail du 23. Avril 1709. qu'en effet c'est un Arrest *sur Requeste* en ces termes : *La 11e. piece du 17. Octobre 1584. est copie d'un Arrest sur simple Requeste de la part du Sr de Boulainvilliers.* L'observation en a déja esté faite page 24. des *Contredits* : cependant le *Memoire* page 5. persiste encore à qualifier ce mesme Arrest *d'Arrest Contradictoire.* L'on peut, & il est mesme de la bonne foy de se retracter quand on a esté dans l'erreur ; mais dénier un fait veritable & reconnu tel, c'est blesser doublement la verité.

L'Arrest porte entr'autres choses, *que sans s'arrester aux Arrests du Parlement de Roüen , ledit de Boulainvilliers joüira desdites Terres du Valdreüil & Lery par maniere de provision en toute justice.* L'on a dit dans les *Contredits* page 24. qu'il ne faut pas separer les termes *par maniere de provision* de ceux *en toute justice* ; que la provision ne s'applique qu'à la justice que les Officiers du Pont-de-l'Arche contestoient au Seigneur du Valdreüil, & qu'ils vouloient continuer d'exercer au Valdreüil, comme ils faisoient avant l'échange. Pour l'établir , M. de Bailleul employe derechef les observations qu'il a faites , page 24. & 25. de ses *Contredits,* sur les Conclusions de la Requeste de Philippe de Boulainviliers, & les dispositions de l'Arrest ; & soutient que pour estre convaincu, qu'en effet la provision tombe précisément sur la justice , il n'y a qu'à prendre lecture du vû de l'Arrest mesme, lequel fol. . de la copie produite, énonce & vise, entr'autres Arrests du Parlement de Rouen, *un Arrest de ladite Cour de Parlement de Rouen du 28. Juillet 1584.* qui avoit ordonné entr'autres choses " qu'il seroit informé des forces, voyes " de fait, & empêchemens donnez aux Officiers du Roy en la Ville & Châtelle- " nie du Pont-de-l'Arche , en la seance & Jurisdiction ordinaire aux Plaids du- "

» dit Valdreüil, & ce par les Conseillers de la Cour à ce commis & deputez,
» pour les informations faites & rapportées pardevers la Cour estre ordonné ce
» que de raison ; *& cependant par provision*, pour éviter aux troubles & confusion
» qui en pourroient arriver & vexations des Sujets du Roy, que *la Jurisdiction*
» *dudit Siege & Chatellenie du Valdreüil & Lery seroit tenuë & exercée au Siege & Au-*
» *ditoire Royal dudit Pont-de-l'Arche, par les Officiers Royaux dudit lieu.*

Et que porte l'Arrest du Conseil du 17. Octobre 1584. sur la Requeste de Phi-
» lippes de Boulainvilliers ; » & cependant sans s'arrester ausdits Arrests donnez
» audit Parlement de Roüen, défenses & inhibitions portées par iceux, que ledit
» Seigneur Roy a levées & ôtées, ledit de Boulainvilliers, *par maniere de provision*,
» jouira desdites Terres & Seigneuries du Valdreuil & Lery *en tout droit de Justice &*
» *Jurisdiction.*

L'Arrest de Roüen du 28. Juillet 1584. avoit donc donné *la provision pour la Justice*
aux Officiers Royaux du Pont-de-l'Arche ; & l'Arrest du Conseil du 17. Octobre,
sans s'arrester à l'Arrest du Parlement de Rouen, ordonne au contraire que Philippes de Boulainvilliers jouira, *par provision*, desdites Terres, *en tout droit de Justice &*
Jurisdiction.

L'Arrest de Rouen avoit fait défenses à *Jean Hureau Bailly du Valdreuil, nommé*
par le Sr de Boulainvilliers, de troubler les Officiers du Pont-de-l'Arche *dans l'exer-*
cice de la Jurisdiction audit Valdreuil ; & l'Arrest du Conseil fait au contraire défenses *aux Officiers du Pont-de-l'Arche, de s'immiscer en la Jurisdiction dudit lieu du Valdreuil*
& Lery, troubler & empêcher ledit *Hureau*, à peine de deux mille écus d'amende,
nonobstant que ledit Hureau n'ait fait ni presté serment audit Parlement de Rouen, ains és
mains du Commissaire de Sa Majesté ; & seront lesdits *Officiers* assignez au Conseil, pour *répondre aux dommages & interests* requis par ledit de *Boulainvilliers.*

L'Arrest de Roüen avoit ordonné qu'il seroit informé des forces, voyes de fait,
& empêchemens donnez aux Officiers du Roy au Pont-de-l'Arche, en la Seance
& Jurisdiction ordinaire, aux Plaids dudit Valdreüil ; il y avoit eu un decret
d'ajournement personnel contre le fils du sieur de Boulainvilliers Comte de Fouquembergue, & autres : L'Arrest du Conseil ordonne que les *decrets d'ajournement*
personnel donnez contre ledit de Boulainvilliers fils dudit Sr Comte, le Capitaine
Fleury, & les nommez Girard, & le Gendre, seront tenus en surseance ; & *défenses*
audit Procureur General de les poursuivre. Et de tout cela il resulte avec la derniere évidence, que la provision tombe precisément & directement sur la Justice, & ne
doit s'appliquer qu'à la Justice ; puisque sans s'arrester à l'Arrest du Parlement de
Roüen, qui *donnoit cette provision pour la Justice aux Officiers Royaux du Pont-de-l'Arche*,
l'Arrest du Conseil *la donne au contraire aux Officiers du Valdreüil.*

Et parce que dans les *Contredits*, en parlant de l'Arrest du Conseil du 17. Octobre 1584. donné à la requeste de Philippe de Boulainvilliers, l'on a dit que pour
mettre fin, s'il estoit possible, aux vexations des Officiers de Roüen & du Pont-
de-l'Arche, il fit ordonner qu'il seroit procedé à une nouvelle évaluation ; de-là
on prend occasion de s'élever dans le *Memoire*, & de dire » qu'on ne comprend
» pas comment on ose dire dans les *contredits*, que Philippe de Boulainvilliers fit
» lui-mesme ordonner les nouvelles évaluations, lorsqu'elles étoient contraires à
» toutes ses demandes ; qu'il y a eû un Arrest de Roüen du 10. Janvier 1585. qui
» prouve que Philippe de Boulainvilliers a esté condamné en une amende, faute
» d'avoir satisfait à ces nouvelles évaluations ; qu'il n'y a point d'Arrests poste-
» rieurs qui ayent détruit celui du 17. Octobre 1584. & qu'au contraire il est confir-
» mé par un autre Arrest du Conseil du 20. Mars 1602.

Pour éclaircir la verité sur ces faits, il est certain 1º. que l'Arrest du 17. Octobre 1584. est un Arrest rendu sur Requeste, & un Arrest rendu sur la propre Requeste de Philippe des Boulainvilliers ; donc l'on a eu raison de dire que c'est

luy

luy qui a obtenu cet Arreſt, & fait ordonner ce qu'il contient.

2º. Philippe de Boulainvilliers concluoit par ſa Requeſte entr'autres choſes, que » pour les cauſes de ſuſpicion & recuſation dudit de Boulainvilliers contre la Cour de Parlement de Roüen; & attendu que par les Arreſts des 20. Avril &20. Juin; Sa Majeſté auroit retenu la connoiſſance,& s'eſtoit reſervé d'ordonner en ſondit Conſeil ſur la léſion prétenduë & miſe en avant par les Officiers du Pont-de-l'Arche, il pluſt à ſadite Majeſté de juger en ſondit Conſeil ladite prétenduë leſion, & luy interdire & défendre toute Cour, Juriſdiction & Connoiſſance: enſemble de ce qui concerne le Contract d'échange fait entre ledit feu Roy Charles, & ledit de Boulainvilliers, circonſtances & dépendances d'iceluy, ſur peine de nullité.

Et qu'ordonne à cet égard l'Arreſt du Conſeil du 17.Octobre 1584.» le Roy en ſon Conſeil, a ordonné & ordonne ſuivant les Lettres Patentes du 1ᵉ. Mars 1584. que nouvelle évaluation ſera faite deſdites terres, par deux Conſeillers de ladite Cour du Parlement de Roüen, non ſuſpects ni favorables à l'une & à l'autre des Parties, à laquelle évaluation ſera procedé en toute diligence en la preſence du Procureur General de ladite Cour & dudit de Boulainvilliers, pour ladite évaluation faite & rapportée au Conſeil de ſa Majeſté, eſtre par elle ordonné ce que de raiſon, *& a fait ſadite Majeſté inhibitions & défenſes à ladite Cour de Parlement de Roüen de prendre aucune Cour, Juriſdiction ni connoiſſance à l'execution des Arreſts du Conſeil, laquelle ſadite Majeſté a retenuë & reſervée & icelle interdite à ladite Cour, & défenſes auſdits Officiers du Pont-de-l'Arche & tous autres, d'en faire pourſuite ailleurs qu'audit Conſeil, à peine de nullité des procedures, & de tous dépens, dommages & intereſts.*

L'on voit par les Concluſions de la Requeſte, qu'encore que par l'Arreſt du 16. Septembre 1583. & ſur les remontrances reſpectives des Avocats & Procureur Generaux du Parlement de Paris,& des Avocats & Procureur Generaux du Parlement de Rouen; le Roy eûſt jugé que l'Enregiſtrement du Contract d'échange au Parlement de Paris, & les évaluations faites de l'autorité de ce Parlement ſuffoient, *ſans qu'il ſoit beſoin,* porte l'Arreſt, *d'avoir d'autre verification dudit Contract audit Parlement de Roüen, ny faire autre évaluation deſdites Terres échangées que celles ja faites.* Neanmoins comme les Officiers du Pont-de-l'Arche & de Roüen continuoient toûjours leurs vexations, Philippe de Boulainvilliers, comme on l'a dit dans les *Contredits,* pour ſe redimer enfin, s'il eſtoit poſſible, de ces vexations, bien loin de s'oppoſer aux nouvelles évaluations & de les craindre, avoit luy-meſme conclu par la Requeſte, ſur laquelle intervint l'Arreſt du 17. Octobre 1584. qu'il *pluſt à Sa Majeſté de juger à ſon Conſeil la pretenduë leſion* alleguée par les Officiers du Pont-de-l'Arche & de Roüen; ce qui marque, encore une fois, que bien-loin de s'oppoſer aux nouvelles évaluations, il y donnoit au contraire les mains; puiſque la prétenduë leſion alleguée par les Officiers du Pont-de-l'Arche & de Roüen, devoit ſe juger ſur les nouvelles évaluations que ces Officiers demandoient.

Philippe de Boulainvilliers ne craignoit que la partialité & les mauvaiſes intentions des Officiers du Pont-de-l'Arche & de Roüen; il demandoit qu'on luy donnaſt des Juges non ſuſpects; c'eſt le motif exprimé bien diſertement dans les concluſions de ſa Requeſte, *pour les cauſes de ſuſpicion & recuſation dudit de Boulainvilliers contre la Cour de Parlement de Roüen;* & c'eſt pour cela que l'Arreſt ordonne qu'il ſera procedé à la nouvelle évaluation *par deux Conſeillers de ladite Cour non ſuſpects, ni favorables à l'une & à l'autre des Parties.*

Philippe de Boulainvilliers s'eſtant enſuite preſenté au Parlement de Rouen, pour executer l'Arreſt, & faire proceder aux nouvelles évaluations; ce qu'il avoit toûjours craint ne manqua pas d'arriver, on luy donna pour Commiſſaires deux Conſeillers contre leſquels il avoit de juſtes moyens de ſuſpicion & de recuſa-

E

tion ; & parce qu'il les recufa, on le condamna en une amende de vingt-cinq écus par l'Arreſt de Rouen du 10. Janvier 1585. dont parle le *Memoire* page 6. mais avec peu de fincerité, en difant que *Philippe de Boulainvilliers a eſté condamné à une amende, faute d'avoir fatisfait aux nouvelles évaluations* : il falloit, ou ne pas imprimer ces termes en Italique, ce qui fait croire naturellement que ce font les termes de l'Arreſt mefme ; ou ne pas diſſimuler que Philippe de Boulainvilliers fut condamné à l'amende, pour avoir ofé propofer des moyens de recufation contre les Confeillers commis pour proceder à la nouvelle évaluation. L'Arreſt a eſté levé en forme par M. & Me Portail, il eſt dans leur production nouvelle du 12.

„ Decembre 1709. voici les propres termes : LADITE COUR a declaré & declare lef-
„ dites caufes de recufations frivoles, impertinentes & propofées contre les Or-
„ donnances ; & pour avoir ledit de Boulainvilliers, par le moyen d'icelles empefché
„ l'execution, tant de l'Arreſt du Confeil du Roy du 17. Octobre dernier, que de
„ celui de cette Cour, à laquelle la connoiſſance en a eſté renvoyée : ladite Cour a
„ condamné & condamne icelui de Boulainvilliers en 25. écus d'amende ; & en ayant
„ égard à la requifition dudit Procureur General, a ordonné & ordonne que par
„ les Confeillers-Commiſſaires *ja députez*, fera procédé outre à l'execution d'iceluy
„ Arreſt, & que ledit de Boulainvilliers & tous qu'il appartiendra feront de ce faire
„ fouffrir & obéïr, contraints par toutes voyes deuës & raifonnables, nonobſtant
„ oppofitions, appellations, prifes à partie & autres voyes quelconques, & fans
„ préjudice d'icelles.

Ces nouvelles vexations font criantes : l'on condamne Philippe de Boulainvilliers en 25. écus d'amende pour s'eſtre fervi d'une voye de droit ouverte à tout le monde ; on affecte de luy donner derechef les mefmes Commiſſaires qu'il avoit recufez ; & par une précaution extraordinaire & inufitée, l'on prévient mefme, l'on va au-devant du remede de la prife à partie dont on prévoit qu'il pourra fe fervir.

Il fut donc obligé d'avoir encore recours à l'autorité du Roy ; il fe pourveut de nouveau au Confeil, où fes moyens de recufation furent jugez legitimes ; puifque par l'Arreſt du 20. Mars 1602. dont il eſt parlé mefme page 6. du *Memoire*, le Roy ordonna, *qu'il feroit procédé à la nouvelle évaluation par deux maiſtres des Requeſtes* ; c'eſt ce qu'on a encore jugé à propos de diſſimuler dans le *Memoire*, en difant fimplement, que l'Arreſt du 17. Octobre 1584. a eſté confirmé par un autre Arreſt du 20. Mars 1602. mais il eſt neceſſaire d'en rapporter auſſi les propres termes, afin qu'il demeure pour certain, qu'au lieu des Commiſſaires nommez par le Parlement de Rouën nonobſtant la recufation, le Roy commit deux Maiſtres des Requeſtes pour proceder à la nouvelle évaluation. Le Difpofitif du mefme Arreſt du 20. Mars 1602. fervira auſſi pour d'autres inductions & d'autres fins que l'on expliquera dans la fuite : „ Le Roy en fon Confeil, ayant aucu-
„ nement égard aux Lettres Patentes du premier Mars 1584. Arreſt du 17. Octobre
„ audit an & 23. Janvier 1581. a ordonné & ordonne, que fommaire prifée fera faite
de l'évaluation cy-devant faite par les Commiſſaires députez de Sa Majeſté pris du Corps de la Chambre des Comptes * .... *1571. approuvée & autorifée par Arreſt de la Cour de Parlement de Paris du 18. Mars 1579. & fur icelle procédé à nouvelle évaluation defdites Terres par deux Maiſtres des Requeſtes pris de fon Hoſtel qui feront commis par fa Majeſté, &c.*

„ Le Memoire n'eſt pas plus fincere dans l'allegation que « bien loin de regar-
„ der le Parlement de Rouën comme incompetant, on y renvoye les évaluations
« comme au juge legitime & naturel de l'échange ; que l'Arreſt du 17. Octobre
„ 1584. fubfiſte encore, & par confequent la neceſſité de raporter de nouvelles éva-
„ luations.

Le Roy en renvoyant par l'Arreſt de 1584. au Parlement de Rouën la procedure de la nouvelle évaluation, ordonne que *l'évaluation estant faite, elle sera rapportée au Conseil de Sa Majesté, pour estre par elle ordonnée ce que de raison, avec défenses & inhibitions à ladite Cour de Parlement de Roüen de prendre aucune Cour, Jurisdiction, ni connoissance à l'execution des Arrests dudit Conseil, laquelle sadite Majesté a retenuë & reservée, & icelle interdite à ladite Cour.*

La mesme interdiction est repetée, & les mesmes défenses réïterées dans l'Arrest du 20. Mars 1602. C'est-à-dire, qu'au lieu de reconnoistre le Parlement de Rouen pour Juge naturel & legitime de l'échange, comme le *Memoire* voudroit l'insinuer, la nouvelle évaluation ne luy avoit esté renvoyée qu'en qualité de Juge simplement commis & delegué, comme il arrive tous les jours de commettre des Juges *in partibus* pour des procedures incidentes, sans que cette delegation leur attribuë aucune Cour ni Jurisdiction pour le fond de la matiere; & non-seulement la connoissance du fond concernant l'échange dont il s'agit, a esté perpetuellement interdite au Parlement de Rouen, mais on luy a mesme osté par l'Arrest du 20. Mars 1602. jusqu'à la connoissance qui luy avoit esté attribuée par celuy du 17. Octobre 1584. pour la simple évaluation.

La qualité d'Arrest provisoire, que l'on continuë de donner à l'Arrest du 17. Octobre 1584. n'est qu'une vaine affectation. Outre que la provision, comme on l'a observé, ne concernoit que la justice, qui estoit en contestation entre les Seigneurs du Valdreuil & les Officiers du Pont-de-l'Arche; cette prétenduë provision, quelle qu'elle pust estre, se trouveroit d'ailleurs couverte par tous les Arrests posterieurs, tant du Conseil que du Parlement, des années 1636. 1647. 1661. 1671. 1672. & 1679. dont les uns ont maintenu & confirmé les Seigneurs du Valdreuil en la pleine & entiere possession, & *comme possedant en pleine proprieté;* & les autres ont esté rendus avec Messieurs les Procureurs Generaux contre les proprietaires des Fiefs qui refusoient de reconnoistre la mouvance du Valdreuil, & vouloient continuer de relever du Roy, comme ils faisoient avant l'échange. *

Quoyque tous ces Arrests soient produits dans l'Instance, l'on n'avoit pas laissé de dire pag. 12. & 13. de la Table chronologique, que *l'appel de la Sentence du Pont-de-l'Arche du 6. Juin 1659 qui adjuge au Roy toutes les tenures & mouvances prétenduës par les Seigneurs du Valdreüil en consequence du contract d'échange, fait encore la matiere d'une instance pendante en la seconde Chambre des Enquestes, que les Seigneurs du Valdreuil n'ont osé faire juger depuis ce temps.*

* Voyez les contredits pag. 28. 29. 30. 31. & 32. & la seconde Requête de M. de Bailleul p. 12.

Pour réponse, l'on a raporté pag. 31. 32. & 33. des *contredits*, les Arrests contradictoires du Conseil, lesquels, en consequence de l'Arrest d'enregistrement du Contract d'échange au Parlement de Paris, y ont renvoyé l'appel de cette mesme Sentence, & débouté avec dépens les proprietaires des Fiefs qui demandoient leur renvoy au Parlement de Rouen. L'on a aussi raporté *mesme page,* les Arrests contradictoires rendus *avec Messieurs les Procureurs Generaux, & sur leurs conclusions, qui ont infirmé la Sentence du Pont-de-l'Arche, declaré les Fiefs estre tenus & mouvans de la Chastellenie du Valdreuil & Lery, & condamné les proprietaires en l'amende, & aux dépens.* L'on a glissé dans les *Contredits* de M. & Me. Portail *signifiez le 10. Avril,* que ce sont des Arrests *collusoires,* mais on n'a pas osé l'imprimer dans le *Memoire,* parce qu'on a bien prévû que le seul nom de Monsieur de Harlay alors Procureur General, avec qui les Arrests ont esté rendus, suffiroit pour effacer ce soupçon injurieux.

M. de Bailleul a observé dans ses *Contredits,* que la mesme contestation a esté terminée au profit des Seigneurs du Valdreüil, avec les autres Proprietaires de Fiefs, par des Transactions, & des Actes de foy & hommage; que le Sr Clinet de la Chataigneraye, le plus obstiné de tous, après s'estre fait condamner aux dépens par un premier Arrest du Conseil du 8. Janvier 1693. avoit prêté la foy

& hommage par Acte du 21. Octobre 1697. & que s'estant depuis avisé de re-
nouveller la mesme contestation, il s'est fait condamner une seconde fois aux
dépens, par Arrest contradictoire du Conseil rendu avec M. le Procureur General de la Chambre des Comptes de Roüen le 13. Février 1708. qui a renvoyé
derechef les Parties en la Seconde Chambre des Enquestes.

Le Sieur de la Chataigneraye estant depuis decedé, sa veuve & ses heritiers
ont repris l'Instance; & la *Table Chronologique*, page 27. a fait valoir avec de grandes exagerations, un Arrest surpris par défaut le 31. Aoust 1709. en la Seconde
des Enquestes, par lequel l'on avoit fait prononcer des *défenses au Sr de Vatan,
Seigneur du Valdreüil, de faire aucun Acte de Seigneur dominant, ni de Haut-Justicier
sur les Fiefs en question, jusqu'à ce qu'autrement par la Cour en eût esté ordonné, dépens
reservez.*

L'on avoit dit, page 21. de la mesme *Table Chronologique*, que cet Arrest sus-
pendoit l'execution du Contrat d'échange; on le publioit par tout; l'on en avoit
imprimé le dispositif; on le qualifioit d'Arrest *contradictoire* avec M. le Procureur
General. Le Sr de Vatan y a formé opposition; & après une Plaidoirie de six Au-
diences, il est intervenu *Arrest contradictoire avec M. le Procureur General* le 12. Avril
dernier, qui *reçoit le Sr de Vatan opposant à celui du 31. Aoust 1709.* & ordonne entr'autres choses, que les Parties feront diligence de faire juger le Procès avec
M. le Procureur General, toutes choses demeurantes en état, dépens reservez.
Le Procès est l'appel de la mesme Sentence du Pont-de-l'Arche du 6. Juin 1659.
Et quel sort peuvent attendre la veuve & les heritiers du Sr de la Chataigneraye,
sur une contestation qui est précisément la mesme si souvent jugée & terminée en faveur des Seigneurs du Valdreüil, & dans laquelle il s'est lui-mesme reconnu mal-fondé par l'Acte de foy & hommage du 21. Octobre 1697.

Pour réponse au *second fait*, il n'y a qu'à employer le Contrat mesme de vente
de la terre du Valdreüil du 3. Avril 1702.

La seule chose qui peut meriter d'estre relevée sur le *troisiéme fait*, & qui mes-
» me ne le merite gueres, est l'Article 5. où l'on dit, page 7. du *Memoire*, » que
» ce qui a esté allegué *dans les Contredits*, qu'on a mis dans le lot du mineur, des
» rentes au denier 22. & au denier 24. est un fait évidemment contraire aux par-
» tages, où l'on voit que Pillon a mis dans celui de Me Portail generalement tou-
» tes les rentes constituées sur la Charge d'Avocat General; qu'il est fâcheux
qu'il échape de tels faits qui blessent si ouvertement la verité, mais qu'on n'im-
» pute point à ceux qui écrivent, parce qu'on sçait qu'ils sont trompez par la
» créance qu'ils prennent de bonne foy dans les Memoires & les Discours des
» Parties.

L'on n'a point vû les partages d'entre Me Portail, & le feu Sr Rose son frere;
& il n'est pas necessaire d'y avoir recours, pour verifier si le fait est veritable.
M. de Bailleul a dit, qu'il y auroit eu des deniers suffisans pour payer le prix du
Valdreüil, si M. Portail n'avoit pas disposé pour son avantage des deniers comptans de la succession commune : & c'est justement par cette raison, qu'il a fallu
mettre dans le lot de Me Portail toutes les rentes constituées sur la Charge d'A-
vocat General dont M. Portail estoit revêtu. Au surplus, l'on employe les Contredits, pag. 17. 18. 19. 42. & 43. L'on ajoûtera seulement, qu'il seroit à souhaiter qu'il ne fût rien échapé de plus fâcheux dans la *Table Chronologique, les nouvelles preuves, &c.* Il ne seroit pas necessaire de s'excuser sur les Memoires & les
Discours des Parties; cette excuse ne renferme-t-elle point un aveu tacite des
justes raisons qu'on a données à M. de Bailleul de s'en plaindre?

Examen des faits nouveaux à éclaircir.

Le premier fait concerne un prétendu *Arrest du 1er Mars 1584.* dont on a imprimé,
page 8.

page 8. de la *Table Chronologique*, un difpofitif, qui caffe celui du 16. Septembre 1583.

L'on dit page 8. & 9. du *Memoire*, » que Me Portail n'eftant point faifie des « titres du Valdreüil, elle a fait trois Sommations, tant à M. de Bailleul, qu'aux « Srs Rofe & de Vatan, de produire les Arrefts du Confeil rendus au fujet de « l'échange ; *qu'on* a adjouté une quatriéme Sommation pour requerir nommé- « ment la reprefentation de l'Arreft du 1. Mars 1584. *qu'il* eft vrai qu'on n'a point « produit l'original de cet Arreft du 1. Mars 1584. *qu'il* eft vrai auffi qu'à la page 7. « de la Table Chronologique, il eft employé comme vifé dans celui du 17. Octo- « bre 1584. mais que c'eft *une erreur de datte*, & qu'il faut avoir recours au Vû d'un « autre Arreft du 20. Mars 1602. qui eft produit, & dans lequel le difpofitif de ce- « luy du premier Mars 1584. *fe trouve tel qu'il a efté tranfcrit dans la Table chrono- « logique.* «

Rien n'eft plus inutile que les fommations dont on parle, fur-tout par ra- « port à M. de Bailleul qui n'eft faifi de rien, qui a remis, lors de la vente du Val- dreuil, tous les titres & tous les Arrefts, fuivant l'inventaire qui en fut fait, pro- duit par M. & Me Portail dans la prefente Inftance, & fuivant l'Acte de dé- charge du 3. Aouft 1703. paffé pardevant Moufle & fon compagnon Notaires au Chaftelet. Tous les titres & tous les Arrefts font donc entre les mains de M. & Me Portail, ou du Sieur de Vatan, comme il paroit par leurs productions refpectives ; de forte que M. de Bailleul eft mefme réduit à fe défendre avec un tres-grand defavantage, puifqu'on eft maiftre de produire contre luy tout ce qu'on veut, & de ne produire que ce qu'on veut. L'intitulé de l'Inventaire des titres & pieces remifes en confequence de la vente, porte qu'elles font para- phées par premiere & derniere ; & il ne fe trouvera pas que parmi ces pieces il foit fait mention d'aucun Arreft du 1. Mars 1584. dont en effet l'on n'a jamais entendu parler.

Revenons aux fommations encore une fois tres-inutiles, & d'autant plus inutiles, fur-tout la derniere concernant le prétendu Arreft du 1. Mars 1584. que par la Requefte mefme du Sieur de Vatan du 6. May 1709. pag. 9. citée dans le *Memoire*, l'on voit que parmi les Arrefts qui y font énoncez, & rapellez dans l'ordre de leurs dattes, & jufqu'au nombre de 24. ou 25. il n'y en a point du 1. Mars 1584.

D'ailleurs il ne faut pas croire, que de frivoles fommations puiffent donner le change fur le fait dont il s'agit, il n'eft point queftion d'incidenter fur la forme d'originaux ou de copies. Le Memoire adjoûte » qu'on a trouvé une co- « pie de l'Arreft du 1. Mars 1584. anciennement collationnée par le Sieur Hubert « Secretaire du Roy, Controlleur en la Chancellerie de Roüen, & que ce mefme « Arreft eft vifé dans celuy du 20. Mars 1602. qu'en cet état on ne devoit pas dire, « comme on a fait dans les *Contredits* de M. de Bailleul, que cet Arreft du 1. Mars « 1584. n'eft qu'une chimere, que c'eft une fuppofition hardie ; & qu'avant que « de s'abandonner à l'excés de ces injures, il falloit du moins faire une partie de « ce qu'a fait M^e. Portail, & lui faire faire une fommation de reprefenter cet Ar- « reft, ou de l'indiquer. «

Mais premierement, eft-ce l'ufage au Palais d'attendre des Sommations, pour produire les piéces dont on veut fe fervir ? Et quoiqu'il en foit, en attendant qu'on veüille bien faire voir le jour à la prétenduë copie collationnée qui a tant de peine à paroître, voyons s'il eft vrai (comme on l'avance) que dans l'Arreft du 20. Mars 1602. l'on trouve celui du 1er Mars 1584. *tel qu'il a efté tranfcrit dans la Table Chronologique.* Pour cela, il n'y a qu'à confronter la Table Chronologi- que, avec l'Arreft du 20. Mars 1602. produit fous la cotte O. de la production de M. & Me Portail du 12. Decembre 1709.

F

Prétendu Arreſt du 1er Mars 1584. tel qu'il eſt tranſcrit en *lettre italique*, page 8. de la Table Chronologique.

Le Roy ayant égard auſdites remontrances, ordonne que les Arreſts du Parlement de Roüen ſeront ſuivis, nonobſtant ledit Arreſt, attendu qu'il a eſté donné ſur ſimple Requeſte, & ſans oüir les Gens de Sa Majeſté en icelle Cour de Parlement de Roüen, qui ont fait voir la léſion évidente de 800 écus de revenu, & de grand nombre de Vaſſaux & droits féodaux que perdroit Sa Majeſté, ſi ledit Contrat d'échange avoit lieu : Renvoye toutes les Inſtances, pour eſtre jugées au Parlement de Roüen.

Extrait du Veu de l'Arreſt du 20. Mars 1602.

Requeſte preſentée au Conſeil le 1er Mars audit an (1584.) contenant les remontrances de Me Nicolas Thomas Avocat General en ladite Cour du Parlement de Roüen, au pied de laquelle eſt l'Arreſt donné audit Conſeil ledit jour, par lequel eſt ordonné, que *leſdits Arreſts du Parlement de Roüen ſeront executez, & le tout renvoyé en ladite Cour, pour proceder en icelle ſuivant leſdits Arreſts.*

Chacun jugera par ſes propres yeux, & ſe dira à ſoy meſme, s'il eſt vrai, comme on le dit page 9. du *Memoire*, qu'on n'ait fait que tranſcrire dans la *Table Chronologique* l'Arreſt du 1er Mars 1584. tel qu'il eſt viſé dans celui du 20. Mars 1602.

L'on s'eſt plaint auſſi de pluſieurs autres faits rappellez & réünis à la derniere page des *Contredits* de M. de Bailleul, & ſans y avoir meſme compris la citation d'Auzanet * alterée dans les termes eſſentiels par le changement des mots de *chaque partie* en celui de *totalité.*

* *Voyez ci-deſſus, page 8. & les Contredits page 11.*

M. de Bailleul laiſſe à la ſageſſe de la Cour, & au jugement du public, de donner à ces faits les qualifications convenables ; de dire ſi le terme de *ſuppoſition hardie* qui paroît au *Memoire* * un ſi grand *excés d'injures,* eſt une expreſſion trop forte, & qui ait bleſſé la *moderation qui fait tant d'honneur au Palais ;* * de décider en quoy conſiſte ce véritable *honneur,* & s'il ne s'agit point ici de choſes un peu plus eſſentielles que le point auquel le *Memoire* * prétend reduire les *bienſeances du Barreau.*

* *Page 9.*

* *Même page 9.*

Page 7.

Ce n'eſt pas d'aujourd'hui qu'on impute aux Avocats trop de liberté dans leurs diſcours, mais la fidelité qu'ils doivent à leur miniſtere a autoriſé de tout temps cette liberté. *

* *Nobis ſatis ſit privatas & noſtri ſeculi controverſias tueri, in quibus expreſſis, ſi quando neceſſe ſit . . aures offendere, & probata ſit fides, & libertas excuſata. Dialog. de oratoribus, qu'on attribuë les uns à Tacite, les autres à Quintilien.*

Peut-eſtre ſe prévient-on ſur tout cela, & l'on ne ſçait ſi l'on ſe trompe ; mais il faut l'avouer ingenüement, l'on n'a pû s'empêcher d'en eſtre frappé avec quelque ſorte d'impatience, qui bien loin d'avoir beſoin d'eſtre excuſée, pourra poſſible paroître au contraire d'autant plus loüable, qu'elle entre neceſſairement & d'elle-meſme dans les ſentimens de verité & de droiture, qui caracteriſent le *vir bonus* de la définition de l'Orateur dans ſa premiere & ſa principale partie.

Pour donner plus de relief au reproche du prétendu *ſtile injurieux,* le *Memoire* dit page 3. *qu'en s'abandonnant par tout aux invectives, l'on a traité* page 30. des Contredits, *de temeraire & d'inexcuſable* l'entrepriſe de Me Portail.

Quand le fait ſeroit tel qu'on le ſuppoſe, s'agiſſant d'une prétention mal fondée & d'une entrepriſe injuſte, y auroit-il lieu de tant crier à l'invective ? Mais le fait n'eſt pas meſme veritable : qu'on liſe non ſeulement la page 30. mais les 69. pag. des *Contredits,* l'on n'y trouvera nulle part les termes *d'inexcuſable,* ou de *temeraire* appliquez à l'entrepriſe de Me Portail : celui *d'inexcuſable,* page 38. regarde les conjectures de la Table Chronologique, & page 56. la rétractation du *nota* adjouté depuis l'impreſſion en marge du premier Memoire. A l'égard de *temeraire,* il regarde pag. 44. & 62. les Officiers du Pont-de-l'Arche, & les Proprietaires des Fiefs dont les contestations ont esté en effet jugées tres-temeraires par un grand nombre d'Arrests & du Conseil & du Parlement.

L'on estoit convenu page 1re. de la *Table Chronologique*, que les Requestes de M. de Bailleul *sont écrites avec plus de moderation que celles du Sr de Vatan*; maintenant *l'on ne reconnoît*, dit-on, *dans les Contredits de M. de Bailleul, que le stile injurieux de quelques Requestes qui sont au Procés*: & page 2. du 1er *Memoire*, en parlant de la premiere Requeste de M. de Bailleul, l'on avoit dit que *l'ouvrage est écrit avec methode*; maintenant l'on dit au contraire page 11. du second *Memoire*, que *les Contredits sont fort embarrassez & fort obscurs*. Mais seroit-il possible que le mesme stile qu'on fait semblant de méconnoître, fut devenu tout à coup si meconnoissable? ou bien ne s'agiroit-il simplement que d'un peu moins de moderation dans les Contredits que dans les Requestes? Si c'est cela, il est bien aisé de justifier le stile des Contredits; c'est que dans le temps des premieres Requestes de M. de Bailleul, l'on n'avoit pas encore eu les mesmes sujets de se plaindre de la maniere outrée dont la verité a esté blessée dans la *Table Chronologique*, & les autres imprimez qui ont paru depuis les Requestes.

L'on revient encore page 9. du *Memoire* à l'Arrest du 16. Septembre 1583. & l'on dit, » que le Sr de Vatan ne l'a point produit; que la mention qu'il est intervenu *conformement à l'avis des Gens du Roy du Parlement de Paris, & sur la réponse à eux faite par le Procureur General du Parlement de Rouen*, n'est qu'un énoncé dans un Arrest sur simple Requeste, & que les Arrests des 17. Octobre 1584. & 20. Mars 1602. ont ordonné de nouvelles évaluations que celui du 16. Septembre 1583. declaroit inutiles. «

M. & Me Portail ont eux-mesmes produit l'Arrest du 17. Octobre 1584. dans lequel celui du 16. Septembre 1583. est visé & rapporté mot à mot tel qu'on l'a transcrit page 26. des *Contredits* de M. de Bailleul; ainsi il demeure pour constant que cet Arrest a esté rendu sur les avis & les remontrances respectives des Gens du Roy, tant du Parlement de Paris que du Parlement de Rouen, qu'on soutient derechef les veritables contradicteurs, & les seules parties legitimes de Philippe de Boulainvilliers, au profit de qui l'Arrest a esté rendu; au surplus l'on employe ce qu'on a dit ci-dessus pag. 17. & 18. au sujet des nouvelles évaluations & des Arrests intervenus depuis plus d'un siecle, posterieurement mesme à ceux de 1584. & 1602.

Second fait. L'on dit page 10. du *Memoire*, qu'en produisant sous la cote C. de la production nouvelle de M. de Bailleul, une Expedition des Lettres Patentes de Charles IX. du mois de Septembre 1573. l'on a confondu les deux échanges; *que les Lettres Patentes ne sont que pour l'échange du Mesnil Paviot avec l'Etang de Gommeux*; *qu'il est vrai que ce n'est qu'une meprise, qu'une inadvertance*, & que sous la cotte qui suit on produit d'autres Lettres Patentes d'Henry III. du mois de Juin 1576. dont l'objet est de faire verifier tant l'échange du Mesnil Paviot avec Gommeux, que celui du Valdreüil & Lery avec Charleval, mais que les Lettres ne sont enregistrées le 14. Mars 1579. que par raport à l'échange de Gommeux, & qu'on dresse un Arrest en forme pour cet enregistrement; mais qu'à l'egard de l'échange du Valdreüil, on trouve seulement sur le Registre des transcrits des pieces concernant le Domaine, une mention de l'enregistrement de l'échange du Valdreüil sous la date du 18. Mars 1579. «

L'observation sur la cote C. de la production nouvelle de M. de Bailleul, n'a esté faite que pour avoir occasion de donner au Procureur qui l'a dressée, ou à son Clerc, le nom de *copiste du Sr de Vatan*; du reste l'on a eu raison de ne regarder que comme une simple inadvertance, la petite meprise au sujet des Lettres Patentes de Charles IX. qui n'est d'ailleurs d'aucune consequence, comme on est obligé d'en convenir, attendu les Lettres Patentes de Henry III. qui sont pour l'un & l'autre échange ; celles de Charles IX. n'ont mesme esté produites que pour faire connoître qu'il s'estoit approprié Charleval, & y avoit commencé de superbes bâtimens, long-temps mesme avant le Contrat d'échange fait avec Philippe de Boulainvilliers.

L'on ne comprend pas quelle induction prétend tirer le *Memoire*, de ce que les Lettres Patentes ont esté verifiées le 14. Mars 1579. pour l'échange de Gommeux avec le Mesnil Paviot, & ne l'ont esté que le 18. du mesme mois pour l'échange du Valdreüil avec Charleval.

L'autre observation n'est pas plus solide : il a esté dressé un Arrest en forme pour l'enregistrement du Valdreüil & Lery, de mesme que pour celui de Gommeux, puisque sur le Registre des Ordonnances Royaux, que le *Memoire* qualifie de *Registre des transcrits &c.* & au pied du Contrat d'échange du Valdreüil, l'on trouve non pas une simple *note*, comme dit le *Memoire*, mais un *extrait* de l'Arrest d'enregistrement de l'échange du Valdreüil *signé du Greffier en chef* en ces termes : *Registré oüi le Procureur General du Roy, pour joüir par ledit Comte de Fouquembergue de l'effet & contenu en icelui, à Paris en Parlement le 18. jour de Mars 1579.* signé, *du Tillet.* Le corps de l'extrait est de la main d'un Commis au Greffe, & la signature *du Tillet* de la propre main du Greffier en chef ; preuve invincible de la verité & de l'existence de l'Arrest d'enregistrement justifiée d'ailleurs incontestablement.

1°. Par l'Arrest de reception des Procés verbaux d'enqueste, & de l'évaluation des Terres qui est rapporté en forme & produit cotte E. de la production nouvelle de M. de Bailleul. L'on oppose dans les Contredits de M. & Me Portail du 10. Avril dernier, que ce n'est qu'un appointement entre M. le Procureur General & Philippe de Boulainvilliers, un simple Reglement qui ne décide rien, & marque au contraire contestation & resistance : mais le Contredit n'est qu'une évasion ; ces sortes d'Arrests portent toujours de pareils Reglemens pour examiner la forme & la validité des Procés verbaux avant que de proceder à l'enregistrement.

2°. Le Sr de Vatan rapporte une ancienne copie imprimée de l'Arrest d'enregistrement collationnée sur *l'original*, par un Secretaire du Roy nommé Bourdin, dans laquelle le mesme Arrest de reception des Procés verbaux est visé ce qui assure de plus en plus la foy de cette *ancienne copie* collationnée à l'original, trouvée parmi les Titres que les successeurs de Philippe de Boulainvilliers se sont remis les uns aux autres dans les differentes ventes, qui se sont faites depuis le Contrat d'échange.

3°. Dans la mesme copie collationnée sont aussi visez, *les Procés verbaux & Enquestes faites sur la valeur desdites Terres échangées*, & l'Arrest portant, qu'avant proceder à la verification desdites Lettres & Contrat, *il seroit informé d'office à la Requeste du Procureur General sur la commodité ou incommodité, profit & perte qu'il poúrroit y avoir faisant ledit échange.*

4°. L'Arrest d'enregistrement a esté vû une infininité de fois, & au Conseil & au Parlement de Roüen ; il est visé dans tous les Arrests que M. & Me Portail produisent eux-mesmes, entr'autres dans celui de Roüen du 20. Juin 1579. de mesme que dans les Arrests du Conseil d'Etat des 16. Septembre 1583. 17. Octobre 1584. 20. Mars 1602. 30. Juillet 1636. 26. Janvier 1647. &c.

Troisiéme fait. La foiblesse des petites observations ausquelles on se reduit enfin dans le *Memoire* touchant le revenu de la Terre du Valdreüil, est un aveu assez formel du peu de solidité des prétenduës demonstrations évidentes, & des calculs immenses par lesquels l'on s'estoit efforcé dans les précedens *imprimez*, de reduire presque à rien ce mesme revenu ; ainsi il suffira d'employer ce qu'on a dit & prouvé dans les *Contredits*, d'une maniere qui n'a pû recevoir de réponse, sçavoir :
    1°.

1º. * Page 45. & suivantes 58. & 59. Que le revenu eſt de plus de 11000. livres, & que quand meſme il ne ſeroit que de 9000. livres, la Terre ne ſeroit point ſur-achettée.

2º. * Page 50. & 51. que le prétendu extrait des Comptes de Longchamp, eſt une piece qui ne merite nulle attention, qui ne peut faire aucune foy, & que ce n'eſt point meſme par les Comptes de Longchamp qu'on peut connoître le veritable produit, puiſque ce n'eſt pas luy, mais Jourdain Receveur de la Terre qui a perçû les revenus, & qui a certifié veritable l'état produit dans l'Inſtance.

3º. L'on a prouvé démonſtrativement qu'il n'eſt pas veritable, qu'il eſt même impoſſible que la recette particuliere de Jourdain ſoit, comme on le ſuppoſé, entierement reportée dans la recette generale des Comptes de Longchamp ; & l'on a obſervé, * Page 52. qu'il ne paſſe pas meſme dans l'extrait de ſes prétendus Comptes, divers Memoires de dépenſe arrêtez par le Sr Roſe du Valdreüil avec Jourdain & à ſa décharge. Le fait eſtant certain & prouvé par les Arreſtez produits *cottez* Z. & &. de la production nouvelle de M. de Bailleul, & la conſequence qui en reſulte déciſive contre les prétendus Comptes de Longchamp, le Memoire n'a pû y répondre que par une mauvaiſe équivoque ſur le terme de *dépenſe*, en diſant page 11. » que ſi la recette des Comptes de « Longchamp ſe trouve encore affoiblie & ſurchargée par l'omiſſion de quelques « articles de dépenſe, le moyen tiré de ſes Comptes n'en devient que plus fort ; « & c'eſt préciſément tout le contraire, car la dépenſe dont il s'agit ne concerne point les Comptes de Longchamp : il eſt queſtion de Memoires arrêtez qui contiennent divers articles de la dépenſe particuliere faite par Jourdain pour le Sr Roſe, & qui ont diminué d'autant la recette dont le meſme Jourdain eſtoit comptable, & diminué par conſequent le fond des deniers qu'il a remis à Longchamp, & dont Longchamp a compoſé ſa recette ; ce qui ſuffiroit ſeul pour détruire la ſuppoſition dans laquelle on perſiſte *meſme page 11. du Memoire*, que la recette faite par Jourdain du produit de la Terre ait eſté reportée & ſoit entierement compriſe dans celle des Comptes de Longchamp.

4º. L'on a auſſi obſervé que la recette *que l'Extrait des prétendus comptes de Longchamp* ne fait monter qu'à 30200. livres pour cinq années, ne comprendroit en tout cas que quatre années & non pas cinq. Le *Memoire* répond qu'il eſt vray que Longchamp n'a eſté prépoſé qu'en 1703. à la recette des revenus du feu Sieur Roſe, & à l'adminiſtration de ſes biens, mais qu'il paroit par ſon compte qu'il avoit compris le total de la recette particuliere des Fermiers depuis 1701. C'eſt ce qui non-ſeulement ne paroit point par le compte de Longchamp, dont la recepte ne commence qu'au 23. Septembre 1703. mais quelle apparence meſme qu'on ait eſté deux années entieres, ſans rien recevoir des Fermiers, & ſans les faire compter ?

5º. Toutes ces obſervations ne ſont d'ailleurs faites icy que par ſurabondance, puiſqu'il eſt conſtant que pour détruire la leſion imaginaire par raport à la prétenduë modicité du revenu de la Terre, ce n'eſt point aux comptes de Longchamp qu'il faut avoir recours : le *Memoire* dit que ces comptes ſont ſignez & approuvez par tous les intereſſez dans la ſucceſſion du Sr Roſe, c'eſt-à-dire par les heritiers & les legataires univerſels, mais il n'eſt pas neceſſaire d'obſerver que cela ne regarde point M. de Bailleul, qui ne ſçait ce que c'eſt que ces comptes, qui n'y prend aucun intereſt, & ne les a jamais vûs ; parce qu'en un mot & encore une fois, ce n'eſt point par les comptes de Longchamp qu'on peut connoiſtre, & fixer la verité ſur le produit annuel de la Terre. Ce produit eſt certain, juſtifié par les baux & les autres preuves raportées dans les Contredits pag. 45. & ſuivantes ; preuves d'autant plus concluantes qu'elles ne peuvent eſtre ſuſpectes : ce ſont des baux faits depuis l'acquiſition par le Sr Roſe lui-meſme, & Me Tuffiet ſon Curateur, ou par Jourdain fondé de leur procu-

ration ; c'eft un état certifié veritable par le mefme Jourdain, & d'autres titres & pieces dans lefquelles il n'entre rien du fait de M. de Bailleul. Or le produit étant une fois certain, & prouvé par les baux & les autres pieces, ce feroit
par toutes les raifons obfervées, une erreur, & une pure illufion de croire qu'on
puiffe donner quelque atteinte à ces preuves par l'extrait prétendu des comptes
de Longchamp.

» 6o. L'on fait femblant, pag. 11. du Memoire, de ne pas entendre les Contredits
» fur le fait de l'alienation de plus de 50000. livres de propres pendant la vie du
» mineur, & fur les 23000. livres qu'on dit eftre reftées deuës, après fa mort, au Sr
» de Longchamp : mais il n'y a qu'à fe donner la peine de relire l'endroit pag. 57.
& 58. des *Contredits*, pour voir qu'il n'y a peut-eftre point d'article où la verité
fe manifefte avec plus d'évidence, & où l'on ait démontré plus fenfiblement
l'abfurde & le faux des calculs chimeriques à l'aide defquels l'on avoit entrepris
de l'étouffer.

Le *Memoire* finit par une critique puerile dans laquelle il entre un peu plus de
» mauvaife humeur, que d'utilité ni de raifon. L'on dit qu'il y a encore pag. 5. des
» *Contredits*, des *Phenomenes de Phyfique* ; pag. 11. *des miroirs qu'on caffe, qu'on brife & re-*
» *brife* ; pag. 39. *un rocher* ; & page 61. des *fpectres* ; qu'il y a beaucoup de *fophifmes,*
» *d'allufions, d'invectives* : & l'on demande *à quoy fervent devant de bons Juges ces*
» *figures ufées, & toute cette Rhetorique.*

Le *Miroir* n'a pû eftre mis de bonne foy fur le compte des *Contredits*, qui n'en
ont parlé qu'après le premier *Memoire* de M. & de Me Portail, au fujet du paffage
d'Auzanet.

L'on s'eft expliqué plus haut fur les prétenduës invectives ; & ce que le *Memoire* traite de *fophifmes*, font des argumens peut-eftre un peu trop preffants.

Pour le *Rocher*, & *le refte*, ce font des images fimples & naïves, qu'on n'a pas
dû prendre pour de fades allufions* ; mais l'oubli des premiers élemens n'eft
qu'un petit défaut de memoire qui ne s'impute point à ignorance. Quoyqu'il
en foit, ces fortes d'images ne font pas tout-à-fait à negliger ; car quelque fo-
lides que foient d'ailleurs les raifonnemens, elles fervent quelque fois à les
rendre encore plus fenfibles : fi celles que le *Memoire* eftropie pour les défigurer,
manquoient de jufteffe, en tout cas ce ne feroit pas la faute de l'Eloquence, ni
une raifon de la bannir des Tribunaux de la Juftice. Il faut prendre garde feule-
ment de ne pas confondre la vraye avec la fauffe ; la veritable n'eft nulle part
mieux en fa place qu'au Barreau, & ce feroit certainement bien mal opiner du
nôtre, que de s'imaginer qu'elle n'y foit plus d'aucun ufage ; c'eft luy envier
jufqu'aux occafions, & aux moyens de remplir le fecond caractere de la définition déja touché cy-deffus pag. 22.

Ce qui veritablement ne fert de rien devant de bons Juges, c'eft l'affeurance
artificieufe & affectée avec lequelle on dit, fol.   de la Requefte de production nouvelle du 12. Décembre 1709. *qu'il n'y a point de bon Juge qui pût refufer
l'entherinement des Lettres* ; & dans le mefme endroit en parlant des Propofitions
de M. de Bailleul, *M. & Me Portail avoüent, que fi les Défendeurs en Lettres trouvent quelqu'un qui penfe ainfi, & qui ofe figner de telles Propofitions, il faut les débouter
de leurs Lettres avec dépens.* Quand on entend parler de ce ton ferme & décifif,
peut-on douter de l'infaillibilité de celui qui parle ? Mais par malheur, & pour
l'ordinaire, le triomphe de cette infaillibilité prétenduë ne dure qu'autant de
temps qu'on parle tout feul. Si donc, & c'eft affeurément ce qui ne fera pas bien
difficile, s'il fe trouve quelqu'un qui figne les Propofitions de M. de Bailleul, &
qui penfe comme lui, il n'y a (du propre aveu de M. & Me Portail) qu'à les
débouter de leurs Lettres, & les condamner aux dépens.

Les figures ufées font dans ces faux airs de confiance qui n'impofent qu'aux

* Des jeux de
mots comme
le *jus verri-
num* de la pre-
miere verrine,
qu'on n'a pas
pardonné à
Ciceron mef-
me.

simples, & qu'on voit neanmoins répandus par tout dans l'*Avertissement*, dans le *premier Memoire*, dans la *Table Chronologique*, dans les *Observations particulieres*, & dans les *nouvelles preuves*. L'on n'en rapportera plus qu'un seul trait, mais qui n'est pas des moins remarquable ; c'est à la pag. 12. du *premier Memoire*, où l'on s'explique ainsi : *La premiere Requeste de M. de Bailleul a taxé de frivoles & de captieux les moyens de Lettres, mais son conseil ne les connoissoit pas encore, on le prie, lorsqu'il les aura lûs, de marquer ceux qu'il croira n'estre pas sinceres, ou n'estre pas solides.* L'on croit avoir pleinement satisfait à cette priere : aussi paroit-il que le *dernier Memoire* a un peu rabattu de cette grande sécurité, en se retranchant presque par tout à insinuer que les Contredits n'ont répondu à rien, ou qu'ils ont tout avoüé ; & en gardant un profond silence sur la réfutation des prétenduës démonstrations évidentes touchant la lésion imaginaire, par rapport au prix de la Terre, à la nature du revenu, aux charges, & le reste. Il n'est plus échapé dans ce *dernier Memoire* qu'une petite étincelle de cette feinte confiance, & cela dans l'Exorde mesme, qui commence, *ab abrupto*, de cette matiere : *Enfin l'affaire de M. & Me Portail est sur le Bureau.* Mais si attaquer & se défendre en Justice est une espece de combat*, n'y auroit-il point quelquefois au Palais autant de fausse bravoure qu'à la Guerre, où souvent ceux qui marquent le plus d'impatience de se battre, tremblent de peur dans l'occasion ?

> * *Militant namque causarum Patroni.* L. 14. C. de *Advoc. divers. judici.*

Comme on achevoit d'imprimer les presentes Salvations, M. & Me. Portail ont fait une production nouvelle composée de deux pieces.

La premiere, est l'Arrest d'enregistrement du Contrat d'échange de Gommeux & dépendances avec le Mesnil-Paviot, produit pour les inductions qui en ont esté tirées dans le Memoire, & qui sont repetées dans la Requeste, contre lesquelles il n'y a par conséquent qu'à employer ce qu'on a dit ci-dessus pag. 24. » Et pour justifier qu'il est bien difficile de croire que l'Arrest d'enregistrement du Valdreüil du 18. Mars 1579. soit un Arrest serieux & veritable, la Requeste employe le silence que gardent, dit-on, les Contredits sur la formule & les expressions singulieres de cet Arrest.

Il faut estre bien difficile à contenter, & peu d'accord avec soi mesme, pour se plaindre, tantôt qu'on *ait trop écrit* pour M. de Bailleul, tantôt qu'on *n'ait pas répondu à tout :* mais si le Memoire a traité de *volume immense*, & *d'écritures excessives* des Contredits certainement tres-succints, par raport aux discours infinis des quatre imprimez, & de la Requeste de 200. rôlles à quoi l'on a répondu ; que seroit-ce donc, si l'on s'estoit amusé à relever toutes les inutilitez qu'on a cru devoir negliger ?

L'on a dit page 37. des Contredits, *que la foy & la verité de l'Arrest d'enregistrement n'a jamais esté attaquée, ni par les Officiers de Roüen & du Pont-de-l'Arche, ni par les Proprietaires des Fiefs, dans aucune des instances poursuivies soit au Conseil ou au Parlement : mais que comme on a entrepris aujourd'hui de tout contester pour tâcher de donner quelque couleur à une mauvaise cause, l'on a encore embelli la Table Chronolique d'une critique puerile de cet Arrest, &c.* Et pouvoit-on sans donner dans la mesme puerilité & le ridicule de la critique, s'apliquer serieusement a répondre aux frivoles allegations, que *vous mandons & commandons par ces presentes, de l'Ordonnance de nostre dite Cour, mettre ces presentes à execution &c.* est une formule inconnuë & inusitée au pied des Arrests du Parlement ; que *commandons à tous nos Officiers, Justiciers & Sujets qu'à toy, en ce faisant, soit obéi,* est encore une formule singuliere ; qu'il falloit dire *à la Requeste dudit de Boulainvilliers,* & non pas *dudit Sr Comte de Fouquembergue,* & qu'on n'a point vû dans les Arrests de la Cour, *donné à Paris en nostre Palais, &c.* à quoy l'on ajoûte que *c'est au Sr de Vatan à éclaircir les nuages que fait naistre la lecture de cet Arrest.*

Autant vaudroit demander d'où vient qu'on ne parle pas en 1710. comme on parloit en 1579. mais sans remonter mesme si haut, il ne faut qu'ouvrir nos livres pour voir qu'il y a peu d'Arrests, dont la Commission soit conçuë dans les mesmes termes, & pour y trouver mesme des formules à peu prés semblables à celles de l'Arrest d'enregistrement de 1579. Le Recuëil d'Henrys est celuy qui contient le plus d'Arrests en forme : il y en a un tom. 1er liv. 1er chapitre 46. en date du 26. Avril 1646. rapporté en ces termes. *Louis par la grace de Dieu Roy de France & de Navarre, au premier de nos Juges des lieux des Parties ou autre, le premier sur ce requis, salut . . . . si vous mandons à la Requeste dudit Sieur Appellant, le present Arrest mettre à execution selon sa forme & teneur, & au premier des Huissiers de nostre Cour ou autre nostre Sergent sur ce requis, faire pour l'entiere execution d'iceluy tous exploits requis & necessaires, de ce faire à vous & à luy, donnons pouvoir &c.* Cet *à vous & à luy,* est tout au moins aussi singulier, que le *à toy ce faisant soit obéi,* relatif *au premier Huissier ou Sergent requis* de l'Arrest de 1579. qui paroît au Memoire une formule si inusitée & si extraordinaire.

La Requeste de production nouvelle employe aussi la comparaison des termes & de la forme de l'Arrest d'enregistrement du Valdreüil, avec celui du Mesnil Paviot ; emploi tres-inutile, puisque la difference ne consiste qu'en ce que l'Arrest du Valdreüil & Léry rapporté par le Sr de Vatan, est un *Arrest en forme*, & celui du Mesnil-Paviot produit par M. & Me Portail, n'est qu'un *Arrest par extrait.* Et en verité, peut-on prétendre sérieusement que M. de Bailleul rende raison de ce qui s'est passé en 1579. au sujet de ces enregistremens, & pourquoi ils ne se trouvent pas tous deux transcrits sur le mesme Registre ? Ce qui peut provenir de differentes causes inconnuës, & neanmoins fort naturelles, d'une simple transposition par exemple, qui aura interverti l'ordre des dattes. Il peut mesme estre arrivé qu'on ait omis de le transcrire, ou qu'on l'ait mis par inadvertance sur quelqu'autre Registre que celui où on le cherche ; peut-estre sur un Registre adhiré avec plusieurs autres, qui furent brûlez ou perdus dans la confusion de l'incendie du Palais de 1618. au sujet duquel il fut rendu Arrest par lequel, *SVR LA PLAINTE DE M. LE PROCVREVR GENERAL, DV DIVERTISSEMENT FAIT AV PALAIS PENDANT L'INCENDIE DES MINUTES ET REGISTRES QVI Y ESTOIENT ; LA COUR enjoignit à toutes personnes qui auroient pris & emporté, trouvé par accident ou autrement, des Sacs, Procés, Piéces, Titres, Registres, Minutes, & autres papiers, qu'ils eussent à les mettre incessamment és mains de Me Jean du Tillet Greffier de ladite Cour, ou son Commis, &c.* C'est un évenement marqué dans tous les Memoires historiques de ce temps-là ; l'Arrest est du 8. Mars 1618. Mais qu'est-il necessaire d'avoir recours à des conjectures sur un fait certain, & qui ne peut estre susceptible de doute ? Car enfin il n'y a pas de milieu, il faut de deux choses l'une, ou convenir de l'enregistrement de l'échange du Valdreüil & Léry, ou s'inscrire en faux contre l'extrait de l'enregistrement du 18. Mars 1579. signé, *du Tillet,* qui est au pied du Contrat d'échange transcrit dans le Registre des Ordonnances Royaux, & produit en forme.

"   L'on repete encore ce qu'on avoit déja dit dans la *Table Chronologique,* " que
" le Sr de Vatan ne rapporte qu'une copie de l'Arrest d'enregistrement du 18. Mars
" 1579. fraîchement imprimée par ses soins.

Il est vrai que le Sr de Vatan a fait imprimer nouvellement le Contrat d'échange, les Lettres Patentes, & l'Arrest d'enregistrement, à la suite d'une Requeste signifiée le 6. May 1709. Mais l'on pouvoit ne pas dissimuler ce qui a esté observé dans les *Contredits* de M. de Bailleul, que ce sont des copies réimprimées sur d'anciennes copies aussi imprimées, & collationnées aux *originaux* par un Secretaire du Roy nommé *Bourdin,* qui se sont trouvées parmi les Titres que les differens successeurs de Philippe de Boulainvilliers, Comte de Fouquembergue, se sont remis les uns aux autres.   Il

Il ne s'agit donc pas, comme la *Table Chrononolique* le suppose, d'une simple copie fraîchement imprimée, & non signée ; & il y a d'autant moins de raison d'insister sur la représentation de l'original, qu'outre que l'extrait de l'Arrest d'enregistrement, signé *du Tillet*, qui est au pied du Contrat d'échange produit en forme, asseure incontestablement la foy & la verité de cette ancienne copie collationnée à l'*original* ; cet original peut mesme estre parmi les autres titres & papiers concernants le Valdreüil, qui furent remis par M. de Bailleul lors de la vente au Sr Rose, & dont il reste encore une partie considerable au pouvoir de M. & Me Portail, comme il paroît par leurs productions.

La seconde piéce qui compose la production nouvelle de M. & Me Portail du 6. May dernier, est la copie collationnée du prétendu Arrest du Conseil datté du 1er Mars 1584.

Pour contredit, l'on peut employer la piéce mesme, dont l'inspection & la seule lecture fait connoître que ce n'est pas sans raison qu'on a tant hésité à la produire.

1°. C'est une simple copie collationnée par un nommé Hubert, qui se dit Secretaire du Roy Contrôlleur en la Chancellerie de Normandie, lequel a fait la collation, non pas sur l'original, mais sur une autre prétenduë copie collationnée par deux Notaires du Châtelet de Paris : or une copie collationnée sur une autre copie, n'a jamais fait de foy en Justice.

2°. L'on ne voit point par quel canal cette copie est parvenuë à M. & Me Portail, ni de quelle main ils la tiennent.

3°. Elle est sans paraphe, & ne fait point par consequent partie des titres qui furent délivrez lors de la vente faite au Sr Rose, & qui sont tous paraphez par premiere & derniere de la main de celui qui les a délivrez.

4°. Parmi les Arrests mentionnez & dattez dans les Requestes du Sr de Vatan, l'on n'en trouve point du 1er Mars 1584.

5°. La copie énonce que l'Arrest du 16. Septembre 1583. a esté rendu sans ouïr les Gens du Roy du Parlement de Roüen ; & cet énoncé n'est pas veritable : l'Arrest porte qu'il a esté rendu sur l'Avis des Gens du Roy du Parlement de Paris, & du Parlement de Roüen.

6°. Ce qu'on appelle Arrest du 1er Mars 1584. ne seroit en tout cas qu'une simple Commission en forme de Lettres Patentes, Commission qualifiée en effet de *Lettres Patentes* de cette mesme datte, & dans le vû de l'Arrest du Parlement de Rouen du 22. Mars 1584. & dans le vû de l'Arrest du Conseil du 17. Octobre suivant, & dans le dispositif de l'autre Arrest du Conseil du 20. Mars 1602. & dans la Commission qui est au pied de ce dernier Arrest ; il est vrai que le vû du mesme Arrest de 1602. qualifie d'Arrest ce que le dispositif & la Commission qualifient de Lettres Patentes, mais le terme *d'Arrest* dans le *vû* n'est qu'un vice de Clerc.

7°. En effet aux termes de la copie mesme, ce n'est point un Arrest, ni contradictoire, ni sur Requeste ; mais une simple Commission accordée sur une *remontrance verbale*.

Or, dequoi s'agit-il ? A quelle fin cet Arrest prétendu du 1er Mars 1584. a-t-il esté employé dans la *Table Cronologique* ? pour prouver qu'il avoit cassé celui du 16. Septembre 1583. & a-t-il jamais esté dit qu'on ait cassé des Arrests par de simples Commissions, ou des Lettres Patentes surprises sur des remontrances verbales ?

M. & Me Portail employent aussi, sous la cotte A. de leur production nouvelle, le Memoire qu'ils ont fait imprimer pour Salvations aux Contredits de M. de Bailleul du 22. Mars ; cependant il n'est ni produit, ni signifié : mais quoiqu'il n'ait esté distribué qu'en secret, comme il l'a esté à d'autres qu'à Mes-

H

fieurs, il eſtoit difficile qu'il ne parvint pas juſqu'à M. de Bailleul. Ce Memoire, & ce qu'on appelle Arreſt du 1er Mars 1584. ſont deux pieces qui ont eu bien de la peine à ſe livrer au Contredit. L'on a vû dés la S. Martin 1709. le diſpoſitif de cet Arreſt prétendu, imprimé avec un long Commentaire dans la Table Chronologique; & la prétenduë copie collationnée n'a eſté produite qu'au mois de May 1710. & cela aprés avoir tenté inutilement de la ſuppléer s'il eſtoit poſſi-ble, & la remplacer une premiere fois par le vû de l'Arreſt du 17. Octobre 1584. & une ſeconde fois par le vû de l'Arreſt du 20. Mars 1602. A l'égard du Memoi-re quoiqu'il ait paru avant la quinzaine de Pâques, l'on n'a pas jugé à propos de le ſignifier encore à la fin de May : cette lenteur à ſe montrer, répond mal à l'air empreſſé du debut, *enfin l'affaire &c.* Le ſurplus de la Requeſte de production nouvelle ne contient que de frivoles emplois, & des repetitions contre leſquelles il n'y a qu'à employer ce qu'on a dit cy-deſſus, & dans les Contredits du 22. Mars.

Par ces moyens & autres, qu'il plaira à la Cour ſuppléer par ſes lumieres & ſa prudence ordinaire, le Défendeur perſiſte en ſes Concluſions & aux dépens. *Signé, Relegi* GILLET.

Monſieur AUBRY, Rapporteur.

DOULCET.

DUPLESSIS.

Signifié le 24. May 1710.

A PARIS,

De l'Imprimerie de la veuve CHARLES GUILLERY, au bas du Pont S. Michel, à l'entrée de la ruë S. André des Arcs.

MDCCX.

www.ingramcontent.com/pod-product-compliance
Lightning Source LLC
LaVergne TN
LVHW050317030726
842520LV00005B/1631